本书系国家社科基金一般项目"基于大数据分析的学术期刊质量评价体系研究"（项目编号：17BXW032）的结项成果

基于大数据分析的学术期刊质量评价体系研究

赵均 著

中国国际广播出版社

图书在版编目（CIP）数据

基于大数据分析的学术期刊质量评价体系研究 / 赵均著. —北京：中国国际广播出版社，2023.2
ISBN 978-7-5078-5315-5

Ⅰ.①基… Ⅱ.①赵… Ⅲ.①学术期刊－质量评价－体系－研究－中国 Ⅳ.①G237.5

中国国家版本馆CIP数据核字（2023）第025288号

基于大数据分析的学术期刊质量评价体系研究

著　　者	赵　均
责任编辑	尹　航
校　　对	张　娜
版式设计	邢秀娟
封面设计	赵冰波

出版发行	中国国际广播出版社有限公司　［010-89508207（传真）］
社　　址	北京市丰台区榴乡路88号石榴中心2号楼1701 邮编：100079
印　　刷	天津市新科印刷有限公司

开　　本	710×1000　1/16
字　　数	190千字
印　　张	13.25
版　　次	2024年1月　北京第一版
印　　次	2024年1月　第一次印刷
定　　价	48.00元

版权所有　盗版必究

目 录

绪　论 / 001

第一章　我国学术期刊评价概况 / 012

　　第一节　学术期刊评价指标 / 013

　　第二节　学术期刊评价方法 / 030

　　第三节　学术期刊评价系统 / 034

第二章　当下学术期刊评价存在的主要问题 / 060

　　第一节　评价方式存在的问题 / 061

　　第二节　学术期刊评价的两次使用"错位" / 065

　　第三节　多家学术期刊评价系统并存 / 067

　　第四节　学术期刊评价被挪用的后果 / 069

第三章　学术论文质量评价向度分析 / 073

　　第一节　学术论文质量的定量评价 / 074

第二节　学术论文质量的定性评价 / 076

第三节　定性定量评价在学术价值评价指向上的向度契合和配合使用 / 079

第四章　基于大数据分析的学术期刊质量评价体系构想 / 082

第一节　大数据阅读分析评价系统设计 / 084

第二节　大数据网络影响力评价系统讨论 / 087

第三节　基于大数据分析的学术期刊质量评价体系的评价影响 / 090

第五章　对学术论文大数据阅读分析评价采集指标的讨论 / 095

第一节　定性评价标准的相关表述搜集 / 096

第二节　将相关表述收敛为评价采集指标 / 101

第六章　评价可信度加权机制设计 / 107

第一节　初始评价可信度测评指标设置 / 107

第二节　评价可信度动态修正 / 115

第七章　对学术论文大数据分析采集指标权重的调研 / 119

第一节　层次分析法介绍 / 119

第二节　调研问卷的具体设计 / 122

第三节　调研对象的遴选 / 128

第四节　调研结果分析 / 137

第八章　对大数据阅读分析评价指标的开发 / 167

第一节　学术论文评价指标设计 / 168

第二节　学术期刊评价指标设计 / 170

第九章　大数据分析评价系统运行测试与分析 / 176

第一节　大数据阅读分析评价的运行模块 / 176

第二节　阅读分析评价流程测试准备 / 182

第三节　学术论文阅读分析评价测试数据 / 185

第四节　学术期刊阅读分析评价测试 / 190

第五节　学术期刊阅读分析评价测试分析 / 195

参考文献 / 198

绪 论

评价是人类把握客体对人类的意义和价值的一种观念性活动。世界上自从出现第一本学术期刊以后,学术期刊评价就随之相伴而生。随着学术期刊数量的猛增和所属学科的不断细化,人们对学术期刊评价也越来越重视,尤其是当科研管理界使用学术期刊评价结果评价学术论文后,学术期刊评价一跃成为整个学术界共同关注的焦点,其重要性已经达到影响整体学术生态的地步。

从早期的口碑评价,到二次文摘间接评价,再到成系统的学术期刊评价体系的出现,在这些进步的背后,是布拉德福文献离散定律、加菲尔德文献引用定律等评价理论的相继提出,以及以引文分析为代表的各种评价方法的研究成果的应用与以影响因子为代表的各种评价指标的设计和投入使用。我们在充分肯定学术期刊评价为科研管理做出巨大贡献的同时,也应该看到,随着学术期刊评价所承载功能的扩展,学术界和科研管理界对评价合理性的要求也越来越高。大数据时代的来临为这些要求提供了可实现的理论观念和物质基础,我们有机会实现对更多的数据甚至是全部数据的采集分析[①]。这在之前是不可想象的。

一、本研究的学术价值和应用价值

在评价体系的具体应用过程中,评价方法居于核心地位,是评价方

---

① 舍恩伯格,库克耶.大数据时代:生活、工作与思维的大变革[M].盛杨燕,周涛,译.杭州:浙江人民出版社,2013.

法统领着评价指标实施评价，也是评价方法直接决定着评价系统的评价目标。统观各类评价方法，主要分为两种类型：定性评价和定量评价。虽然在评价实践中还有定性与定量相结合的评价方法，但这类评价方法中，或者是以定性评价为主，以定性评价修正定量评价，意图消减定量评价的"错位"评价效应；或者是以定量评价为主，以定量评价修正定性评价，目标是缩小定性评价的不确定性。

学术期刊的定量评价一般是根据摘转、引用、获奖等数据将学术期刊排序，但这些定量评价的指向都与期刊学术水平评价存在着不同程度的错位。一些学术期刊评价系统通过对定量指标进行升级改造来进一步贴近评价期望，这样的升级改造常见的是采用复合（综合）类指标和多指标综合测定法进行筛选排序。在具体统计中，由于统计来源中各期刊的学术水平差距较大，复合（综合）类指标统计中被同一对待的引文质量存在着较大差异；多指标综合测定法各项指标之间也存在重复计算等问题，其评价程序即便再科学合理也难以获得令人信服的结果。

学术期刊的定性评价是刊物学术质量在阅读者学术认识上的投射，它在本质上优于引文分析等定量方法评价学术期刊带来的"错位"效果。但符合期望的定性评价还有赖于在评价过程控制中各环节的完美表现，存在着选择评审人、指标、标准、方式、方法等环节的不确定性，受到评审程序的设置水平、评审人员的学术水平和主观倾向、评审管理者的责任心和组织能力等影响因素的制约，在实际操作中较难达到预期效果。如果我们采取一种方法使定性评价过程变得更加可控，同时使用海量定性评价来淹没个别学者的意见偏向，那么这种定性评价方法就会明显优于目前被广泛采用的引文分析法。这在大数据分析出现之前几乎是不可能实现的。

大数据阅读分析评价不会再明知引文分析法的缺陷而不得已用之，也不用考虑组织评审所需要的人力、物力耗费，担心某些评委的主观偏向、人情交换而影响评审结果，又顺应"互联网+"的时代要求，应用起来将会明显改善现有饱受诟病的学术期刊评价体系。目前，基于大数据分析的学术期刊质量评价体系的实施条件已经具备，当下几乎所有的学术期刊论文都已经被中国知网、万方数据等平台收录，国家哲学社会科学学术期刊数据库已经实现完全开放获取，而且基于大数据分析的学术期刊质量评价体系的推行会有力促进学术期刊开放获取的最大程度实现。不仅如此，由于大数据阅读分析评价是基于读者阅读每一篇学术论文的读后评分机制，意味着学者在哪家刊物发表论文其实并不会影响论文学术水平的评价，所以，这种评价方式可以很大程度抑制时下科研管理界的"以刊评文"，可以有效提高学术期刊整体的刊发利用率，缓解目前核心期刊"稿满为患"、非核心期刊"门庭冷落"的局面。

除了通过大数据阅读分析评价学术水平，我们还可以通过大数据网络影响力评价考察论文和刊物的学术影响。大数据阅读分析评价是对学术水平的评价，大数据网络影响力评价是对学术影响的评价。

大数据网络影响力评价是在社交网络普及化的背景下实现学术影响大数据测度的新型评价方式，通过学术成果被网络用户浏览、阅读、收藏、分享、评论等，获得网络社会对学术成果的关注度。网络用户的信息来源全面、数据开放透明、参与程度广泛等优势，相较传统的学术影响评价来说也是具有革命性意义的。传统学术影响评价基本上源于学术共同体，其对于学术成果对社会、经济、文化等诸多影响的测度一直处于盲区，而网络影响不仅覆盖了传统的学术影响测度范围，还进一步延伸至学术影响的各个方面，其评价的优势和先进性是明显的。考虑到研究的集中性，本书不将大数据网络影响力评价作为主要内容，而是重点集中在大数据阅读分析评价方面的研究。

二、预期的研究目标

本书的预期研究目标主要有以下六个方面。

（一）对大数据阅读分析评价方法的研究

在考察和比较学术期刊评价中已有的布拉德福定律测定法、累积百分比测定法、文献百分比测定法、流通使用测定法、摘转统计测定法、引文分析测定法和多指标综合测定法的适用方向和使用效果后，课题组设计了一套基于论文学术水平评价学术期刊的评价方法，将采集到的评价数据分层次联系，实现用户大数据评价功能的最优发挥，结合具体评价条件提供简便、容易实现的评价结果。

（二）对大数据阅读分析评价采集指标的研究

评价采集指标的设计应兼顾广泛性、适用性和简明性，一方面对学术期刊质量评价指标进行细化设计，降低指标颗粒度；另一方面，需要考察各项评价指标的应用价值、影响因素和实际使用中的优缺点。

（三）对用户评价的可信度加权和纠错机制的研究

阅读评分者在知识积累、学识水平、学术视野等方面存在差别，而定性评价又是依靠个人学术直觉独立进行的主观判断，掺杂个人好恶的主观偏见会或多或少存在。如果简单地把所有评分结果同一对待，即使是海量统计也必然会影响到评价效果与评价目标。这就需要我们在评价程序上对每项评分实施评价可信度加权和纠错机制，来消减这些偏向。

（四）大数据阅读分析评价流程设计

评价流程是评价方法的具体实施过程，需要从采集初始评价指标数据、对评价者的评价可信度加权、对评价结果的纠错，再到评价结果的收敛等一系列评价环节进行控制研究，以保证评价系统的整体合理和前后一致。

（五）对基于大数据分析的学术期刊质量评价系统的评价指标研究

根据论文定性评价指标数据，课题组提出了学术水平量标、创新性量标、科学性量标、重要性量标、实用性/可借鉴性量标、写作质量量标等学术论文的评价指标。在汇集学术论文评价指标数据的基础上，为学术期刊质量评价系统设计学术贡献类指标、水平因子类指标等总评指标系列和创新性指数、科学性指数、重要性指数、实用性/可借鉴性指数、写作质量指数等分类评价指标。

（六）基于大数据分析的学术期刊质量评价体系对当下学术文化生态的影响研究

具体考察评价体系对于指导读者有效利用学术期刊、提供馆藏学术期刊备选目录、引导学术期刊竞争方向等基本功能和方便科研管理、督促个人学术进步、促进学术繁荣等扩展评价功能方面的积极作用和消极影响。

三、资料收集和数据采集情况

（一）搜集整理文献

为了凝聚学术论文定性评价指标的文字表述，课题组穷尽式搜索获得了10年内共计16114篇相关学术论文，并对精选后的1686篇论文逐篇阅读，记录其中有关审稿标准的内容。最后逐条甄别，汇总归并同类项，获得有关的审稿标准20项。

（二）艰难的调研工作

确定各项指标的权重占比首先必须获得学术共同体对此的普遍认识，此项工作需要通过调查统计实现。最耗费时间的是联络并找齐205家被调研的核心期刊。这些核心期刊跨越各专业领域，首先是很难获得联系方式，其次是很多核心期刊不是很愿意配合调研。课题组按照核心期刊表逐家联络，每完成一个专业领域就舒一口气，最后终于按照调查样本的学科分配比例找够了205家核心期刊，恳请各编辑部填好了调查问卷。课题组对调研数据进行统计分析后，获得了各层次评价指标在该层次的权重和在实际实施中的权重占比。

（三）系统运行测试

由于系统还没有投入实际使用，没有条件开展大范围测试。课题组邀请了两个专业的10位硕士生、10位博士生、10位教授使用大数据阅读分析评价系统进行评分测试。其中，15名新闻传播学专业的测试人员是对两本学术期刊（F刊和G刊）各一期所刊发的论文进行阅读后评分，另外15名数学专业的测试人员是对两本学术期刊（J刊和S刊）各一期进行评分。经过测试，系统试用情况良好。

四、研究成果的主要内容和重要观点

本书的研究内容主要分为对当下已有学术期刊评价体系的研究、对大数据阅读分析评价体系的建立、评价效果的对比验证和该体系对学术文化生态的影响四个部分。

（1）本书从评价指标、评价方法、评价系统三个方面梳理了当下学术期刊的评价体系。对评价指标从指标定义、评价指向、影响因素、存在问题等方面进行考察，对评价方法从产生背景、评价目标、评价效果等方面开展研究，对评价系统从研制目的、学科设置、采用指标、筛选方法、不足之处等方面进行分析。从分析梳理中，我们认识到了当下学术期刊评价在评价方式上存在定量评价的"方向错位"、定性评价的"不确定性"、定量指标改造升级的"扬汤止沸"和定性定量评价相结合的"原地踏步"等问题；在评价使用上存在着借用学术影响评价代替学术水平评价的第一次"错位"和"以刊评文"的第二次"错位"；在评价系统上存在着重复开发、浪费人财物力和"指挥棒"太多等问题。这些问题在学术期刊评价与科研管理挂钩后带来了限制办刊自主性、引发学术期刊不当行为、降低学术期刊整体被利用效率、阻碍没有重要期刊支撑的学科的发展、助长学术浮躁、滋生学术腐败等消极影响。

（2）课题组建立了大数据阅读分析评价体系，包括评价指标、评价方法、评价流程三个方面。对评价指标的研究分为两个部分，第一部分是研究学术论文的大数据阅读分析评价指标。我们从10年相关学术研究论文中精选出1686篇论文,从中甄别、汇总、归并出20项评价标准,删减、合并、精炼后,对评价指标的层次进行了划分;并就指标权重进行了基于核心期刊群的抽样调查,采用层次分析法获得了人文社科、自然科学、医药卫生、农业科学、工业技术各领域和不分学科领域的各层次评价权重。第二部分是基于所刊发论文评价之后的"以文评刊"指标研究,设计了两个方面共6项评价指标。在评价方法的研究方面,课题组设计了用户评价可信度的初始估测方法和根据历史评分积累的动态调整方式,以及评分数据的清洗纠错和时效性补偿机制。对评价流程的研究,课题组相应地落实到评价可信度的采集归一化处理、海量用户的评分加权统计、学术偏离度的校正计算和对评价可信度的有效调整上。

(3)课题组就基于大数据分析的学术期刊质量评价体系对学术文化生态的影响进行了深入剖析。相对于时下争议不断的"以引评刊""以刊评文",基于大数据分析的学术期刊质量评价体系反其道而行,实行的是大数据的同行评议论文和在此基础上的"以文评刊"。我们的设计目标是:由于论文直接获得了评议,科研管理部门不再需要将论文评价捆绑在刊发期刊的评价等级上,学术期刊也不用再把自身评价寄托在评价机构、评奖机构和文摘刊物上,消减了学术浮躁和学术腐败;科研管理部门可以实时查阅成果评价,降低了科研管理成本,提高了科研管理效率;学术评价权力得以回归学术共同体自身,拨开低劣论文的遮蔽,高水平学术论文跃然凸显,减少了学术研究过程中所做的无用功;论文的易获得性对学术期刊的评价影响相较以往更大,促使学术期刊主动实现开放获取;论文在哪家刊物发表并不会影响其评价,作者不必再"挤破头"般非得在核心期刊上发表论文,提高了学术期刊的整体被利用率。

(4)课题组对建立的评价体系进行了对比验证,通过验证,该体系基本实现了设计初衷和研制目的,评价效果良好。我们希望付诸实践使用后将会对学术期刊评价、科研管理工作、学术繁荣进步产生深远的影响。

五、研究思路和方法

（一）研究思路

首先，从评价指标的设计和测试入手，考查现有的学术期刊评价指标在实际使用中的优缺点，为新指标的设计提供借鉴，并在设计指标时注意对指标的反应范围进行划分和比较。

其次，进入对评价方法的选取研究。要对已有评价方法进行归纳研究，重点放在评价方法对评价指标的最大化利用上。

再次，进行评价流程的完善和验证，兼顾采集网络数据的广泛性和便利性，制定评价流程并在试运行时进行对比检验。

最后，研究该评价体系的预期效果和对学术发展产生的影响，特别是克服现有学术期刊质量评价体系不足的地方。

（二）研究方法

（1）理论与实践相结合。本研究不仅要对评价理论来源进行分析，还应对其在实践操作层面的使用效果开展深入细致的研究。即在研究中不拘泥于已有的关于学术期刊评价方面的学术观点，从操作层面上对评价理论观点进行实用性理解。

（2）比较研究。本研究从评价指标、评价方法、评价流程、评价效果、产生影响等方面，广泛进行基于大数据分析的学术期刊质量评价体系与现有学术期刊质量评价体系的比较研究，并通过比较研究找出理论节点难题和解决之道。

（3）调研和专家讨论。课题组召开三次相关专家讨论会和对学术期刊编辑部群体的广泛调研，提升研究的实际可操作性，为该体系真正落地做准备，为科研管理界和学术界服务。

六、成果的主要价值与影响

本书研究成果的学术价值在于突破学术期刊评价研究的固有思路，设想将评价权力交还给广大学术期刊的阅读者，对海量的期刊论文网上定性评价相关数据进行统计分析，使一直受过程控制、环节选择、成本限制、因素制约等束缚的定性评价方法重新焕发生机，发挥它应有的作用。

该成果付诸实践后预计将会产生巨大的社会影响和效益，不仅可以改变"以引评刊""以刊评文"，还可以通过海量用户阅读后的定性评价实现对学术论文的评分，然后"以文评刊"。

（一）颠覆"以刊评文"方式，提高学术期刊的整体效能

基于大数据分析的学术期刊质量评价体系是基于读者阅读每一篇学术论文的读后评分机制，意味着论文在哪本刊物发表并不会影响论文本身的学术评价。这种评价方式可以将捆绑在学术期刊评价上的学术论文评价解放出来，抑制科研管理界的"以刊评文"问题，释放学术期刊围绕评价指标办刊的束缚，缓解核心期刊"稿满为患"、非核心期刊"门庭冷落"的局面，有效提高学术期刊的整体效能。

（二）评价数据实时更新，消除传统评价系统的滞后性

当下的学术期刊评价系统都存在着明显的滞后性，影响因子就是用学术期刊前两年文章的引用情况，评价它当年度刊载的论文。CSSCI（Chinese Social Sciences Citation Index，中文社会科学引文索引）和《中文核心期刊要目总览》入选期刊目录一经公布，在之后的一个时段即保持不变，直到下一次重新评选的结果出台才能获得更新。这种滞后评价的方式默认了在一个周期内刊物的学术水平保持不变，难与实际情况相符。基于大数据分析的学术期刊质量评价体系的优势在于每一位读者的每一次评分都会立即对后台的数据产生影响，评价结果也随之动态调整。当达到一定数量的评价之后，某篇论文的大数据学术评价会趋于稳定。大数据实时、动态的特

性满足了对学术论文即时评价的需要，消除了传统评价系统的滞后性。

（三）促进学术期刊开放获取，推动学术成果广泛交流

由于基于大数据分析的学术期刊质量评价体系是基于读者的阅读评分机制，缺少阅读量就难以得到阅读评价的积累，促使学术期刊更加积极实行开放获取，降低用户阅读文献的收费条件。这有助于推动学术成果的广泛交流和传播，促进学术共同体的共同进步。

（四）技术赋权使读者回归评价主体，学术共同体的学术评价效能展现

读者是学术期刊的最终使用者，他们才是学术期刊真正的评价主体，而不是评价系统或二次文献。大数据在学术期刊质量评价中的应用使读者回归学术期刊质量评价的真正主体，进而使学术共同体的学术评价效能得到进一步发挥。

（五）降低评价成本，提高科研管理水平

基于大数据分析的学术期刊质量评价体系的评价主体是广大学术论文阅读者，系统可以通过免费推送获得论文评价，阅读者可以通过阅读评分获得继续免费阅读学术论文的便利，而系统可以通过提供学术论文评价和学术期刊评价结果获得大用户的付费以维持运转。相关工作均在网上和后台进行，依靠大数据分析成系统运行，所耗费的成本会大大压缩。

（六）学术论文的精准推送，提升学术资源整体的利用率

读者的注册信息、评价数据、阅读行为数据等构成了运营者研判读者的阅读偏好、建立个性化学术论文推荐机制的基础。根据用户特征设定文献推送的优先级，系统便可以将最符合用户需要的优质专业文献精准推送，提升学术资源整体的利用率。

七、成果存在的不足和有待深入研究的问题

第一，评价数据稳定收敛与用户评价数量的关系。基于大数据分析的论文和期刊学术质量评价需要依靠足够数量的个体评价来淹没分歧，评价初期的评价数据可信度较低。随着用户评价次数的增加，评价数据会逐步走向稳定收敛，可信度也随之提高。对于评价数据稳定收敛与用户评价数量的关系研究，有待于系统有效落地后，在海量的评价数据支撑下开展。

第二，该评价系统获得的评价结果是学术共同体对评价对象的普遍认识，但依然无法解决个别优秀论文的"曲高和寡"问题，即一篇超越大部分同行认知的论文，其学术水平难以得到相应的评价肯定。

第三，冷僻专业的用户评议量较少，涉密专业的成果不能公开进行评价，此类论文和学术期刊还需要依靠传统上的专家评议。

第一章　我国学术期刊评价概况

学术期刊是展示科研学术领域最新成果的重要载体。学术期刊高质量发展是促进科技强国、加快社会进步、增强文化自信、实现中华民族伟大复兴的时代使命的重要组成部分。2021年5月9日，习近平总书记在给《文史哲》编辑部全体编辑人员的回信中指出，高品质的学术期刊就是要坚守初心、引领创新，展示高水平研究成果，支持优秀学术人才成长，促进中外学术交流。习近平总书记的回信充分体现了党和政府对学术期刊发展的重视，也为学术期刊界今后的发展指明了方向。

2021年5月18日，中共中央宣传部、教育部、科技部印发了《关于推动学术期刊繁荣发展的意见》（中宣发〔2021〕17号，简称《意见》）。《意见》就完善学术期刊相关评价体系专门指出，要"以内容质量评价为中心，坚持分类评价和多元评价，完善同行评价、定性评价，防止过度使用基于'影响因子'等指标的定量评价方法评价学术期刊特别是哲学社会科学期刊"[1]。《意见》是新时代指导学术期刊繁荣发展的指导性文件，对学术期刊的未来发展做出了全面部署。

学术期刊评价系统是依据评价目的，采用相应的评价指标，按照选定的评价方法构建的，它将评价思想实现于严密的逻辑、精心的组织之中。学术期刊评价体系研究从宏观角度可以分为评价指标研究、评价方法研究、评价系统研究三大部分。研究基于大数据分析的学术期刊质量评价体

---

[1] 中共中央宣传部，教育部，科技部.关于推动学术期刊繁荣发展的意见[J].中国出版，2021（14）: 3-5.

系，首先要对已有的评价指标、方法、系统进行梳理。梳理的目的是比较分析出其中的优缺点，确定建立大数据评价方法的必要性和优势所在，在解决目前学术期刊评价中存在问题的指向下开展后续研究。学术期刊评价体系的最终呈现形式是学术期刊评价系统。

第一节　学术期刊评价指标

评价指标是评价理念贯彻于评价实践的基础，是评价方法具体作用于评价工作的抓手，是评价系统获得各种评价结果的数据来源。各评价系统会根据评价目的、评价对象、评价方法的不同，选择适合各自需要的评价指标群。评价系统在实践运行中会对评价指标的实用性、适用性提出新要求，研制方也会就此对评价指标不断改进、去粗取精。在此基础上，有些指标逐渐变得重要起来，有些指标逐渐离开我们的视线。按照定义性质，学术期刊评价指标可以分为定量评价指标和定性评价指标两大类。

一、定量评价指标

定量评价指标是不需要借助估测、代测、推测或其他变通形式，可以使用数量统计和计算直接实施精确衡量的评价指标。学术期刊定量评价指标按照取值来源一般可以分为载文指标、质量指标、流通指标、引用指标、作者分布指标等。为了讨论方便，本书按照指标数据的表现形式将它分为绝对定量指标和相对定量指标两大类。绝对定量指标的指标数据是绝对量，相对定量指标的指标数据是相对量。

（一）绝对定量指标

绝对定量指标按照指标的评价指向可以大致分为五类：第一类指向学术期刊的刊载数量评价，有载文量、被索量等；第二类指向学术期刊的学术影响评价，有被摘转量、论文获奖量、被引量等；第三类指向学术期刊的流通使用评价，有发行量、Web下载量等；第四类指向学术期刊的学术交流程度评价，有引用频次、引用期刊数、引用机构数等；第五类指向学术期刊的作者队伍广度评价，有作者地区分布数、作者机构分布数等。此外，还有一些不常用的绝对定量指标。具体的绝对定量指标分类如表1-1所示。

表 1-1　绝对定量指标分类

分类	载文指标	质量指标	流通指标	引用指标	作者分布指标
评价指向	刊载数量	学术影响	流通使用	学术交流程度	作者队伍广度
评价指标	载文量、被索量等	被摘转量、论文获奖量、被引量等	发行量、Web下载量等	引用频次、用期刊数、引用机构数等	作者地区分布数、作者机构分布数等

1. 载文量

载文量是指学术期刊在被评价年度所发表的论文数量，主要是评价学术期刊在刊发论文数量方面的贡献量，是学术期刊传递信息能力的主要表征指标。从指标定义上分析，载文量看起来和学术期刊质量毫无关系，只与期刊的学术贡献量有联系。理论上，期刊的学术贡献量等于载文量和该刊此年度刊发论文的平均学术水平的乘积。在实际办刊过程中，载文量的变化可能会引发三种情况：第一种情况是在保证学术水平不降低的情况下，只带来学术贡献量的变化，而目前的学术期刊评价系统普遍不对期刊的学术贡献量进行评价，也就不会带来学术期刊在学术评价上的变化；第二种情况是在没有稳定高质量稿源的支持下，片面增大载文量，这将会降低学术期刊的整体学术水平；第三种情况是减少载文量，只刊发高水平学术论文，相应地就会提高学术期刊的影响因子。第三种情况就是时下很多学术期刊用减少载文量来提高期刊学术评价的原因。这种方法虽然简单有效，但片面地追求刊物的影响因子增长，会陷入"只重质量、不重数量，只看水平、不看规模"的误区。普遍采用这种选稿方法，必然会有一些达到刊发水准的学术论文难以发表，这不仅会降低学术期刊整体学术贡献量，也会影响到学术队伍的成长和学术研究的积极性，进而影响到整体学术研究生态和学科的长远发展[①]。

2. 被索量

被索量是指学术期刊所刊发的学术论文被选入评价系统指定的篇目索引的数量。在学术期刊载文量难以穷尽统计的时期，被索量一度是载文量指标的替用指标。《中文核心期刊要目总览》第一版所使用的"载文量"指标数据，实际上采用的就是以《全国报刊索引》为依据的被索量。到了编制第二版时，研制方才将这项数据指标正名为"被索量"，依然沿用的是《全国报刊索引》所列篇目。由于索引是依靠人工来判断来源期刊的论文题目是否应该收入，有一定的不准确性，容易产生统计错误。编制第三版时，被索量指标数据便改用以索引类电子出版物作为统计依据。由于计算机技术的广泛应用，统计篇目越来越方便，之后被索量指标就逐渐淡出。有的评价系统仍旧沿用被索量来指称载文量。

3. 被摘转量

被摘转量是指学术期刊在评价年度被学术文摘刊物转载、摘录的篇目数量。学术文摘刊物是学术期刊数量达到一定程度的情况下，为了方便读者有目标性地阅读应运而生的。论文获得被摘转的条件：一是具有较高的学术价值，二是与二次文摘刊物选文倾向的契合程度较高，三是符合栏目编辑和主编的期待视野。学术文摘刊物从众多学术期刊中为读者挑选有价值、高质量的学术论文再次刊发，这就使得被摘转具有了天然的评价论文和首发学术期刊的功能，被摘转量也因此成为评价学术期刊的定量指标。学术文摘对首发期刊的摘转有全文转载、论点摘编和篇目辑览三种形式。全文转载就是将论文的全文在学术文摘上再次呈现；论点摘编就是

[①] 赵均. 载文量、信息密度作为期刊评价指标刍议 [J]. 中国编辑，2013（2）：33-36.

只在学术文摘上呈现原发论文的主要观点或创新之处；篇目辑览就是只列出原发论文的题目推荐给读者。由此，被摘转量也分为全文转载量、论点摘编量、篇目辑览量。在引文分析法没有出现和影响因子还没有受到重视之前，被摘转量曾是评价学术论文和学术期刊的重要定量评价指标。被摘转量被用作评价指标的基本条件应是绝大多数学术论文有获得被摘转的机会，但我国的学术文摘刊物尤其是专科文摘较少，文摘的学科分布也不尽合理，甚至不能覆盖大部分学科。这么说来，把被摘转量用作学术期刊评价系统普通的评价指标是存在评价盲区的。虽然如此，在文摘刊物覆盖的学科领域内，用被摘转量评价论文的学术影响仍旧具备较高的参考价值，依然受到重视。以人文社会科学领域为例，《新华文摘》《中国社会科学文摘》《高等学校文科学术文摘》是权威的学术文摘刊物。对于作者来说，论文被这些文摘刊物摘转也是学术研究之路上的重要荣誉之一。

4. 论文获奖量

论文获奖量是指所刊发的论文在学术期刊被评价之前获得的各类奖项的数量。论文获奖量指标在实际评价时需要按照奖项级别和奖项数量进行分类统计。一方面，各类评奖的奖励指向是根据各评奖机构本部门的工作目标出发的，在实际操作中存在着奖项性质、设置取向与论文学术水平的错位，以及不同类型奖项不好比较等问题；另一方面，统计这些奖项的工作量较大，确认获奖真伪的难度也不小。论文获奖量目前还不能作为一项评价学术期刊的普遍性指标来使用，只在特定学科或特定范围的学术期刊评价中作为参考性指标加以考量。

5. 被引量

在学术期刊评价体系没有被广泛使用时，论文的学术水平主要依靠专家鉴定。专家鉴定虽然有直接针对论文内容和研究水平进行具体评价的优点，但也由于专家个人研究范围、学术造诣、评审态度有差别，且容易受到人情关系的影响，再加上评审次数很多、工作量较大，严重影响到了工作效率和工作质量。科研管理界急需一种能够快速、简便地对科研论文进行初步评价的办法，甚至有些苦无良策的科研管理机构干脆就按照主办方的行政级别和归属层次简单把学术期刊归类为国家级、省部级和地市级，而在这些刊物上刊发的论文也随之实现了粗糙的按级别评价。这种简单评价显然存在很大问题，但也说明了科研管理界对于学术论文评价简便化的需求有多么迫切。所以，原本是为图书馆藏服务的核心期刊目录甫一出现，就迅速、广泛地被运用到科研管理中，也就不难理解了。

引用的实质是论文作者认为某篇文献对论文的撰写所产生的影响重要到需要标注说明的程度，被引用的实质就是该篇文献对本研究产生了影响。且不管受影响的性质是正向还是负向，也不论受影响的程度是大还是小，受影响这种情况本身是不能直接表明被引用论文的学术水平高低的。有些论文的学术水平较高，超出了普通研究者的认知，难以获得引用；有些论文观点谬误，被众多论文引用作为批判的对象……凡此种种，被引用与学术水平其实是没有直接联系的。引文分析法本来的目的指向是文献检索，引用与被引用关系使得看似独立成篇、浩如烟海的文献之间有了千丝万缕的紧密联系。对文献之间引用与被引用关系的数量特征分析和离散规律研究，就是引文分析。

受到引用是论文学术影响的部分反映，而学术影响又是学术水平的投射。由于论文学术水平的其他反映更难以计量，所以引文反映学术影响的功能逐渐浮出水面。很早就有学者对引文分析展开研究。早在1927年，美国化学家格罗斯兄弟（P. L. K. Gross & E. M. Gross）就对化学教育领域学术期刊的引文进行了分析，并研制出了化学教育核心期刊表[1]。但当时尚处初期的引文分析工作仅对某一领域的文献做过统计分析，在理论上还没有系统总结和提炼。直到20世纪50年代，众多文献学家开始对此开展进一步研究，而其中影响最大的要数美国著名情报学家尤金·加菲尔德（E. Garfield）。加菲尔德1955年发表在《科学》杂志上的《引文索引用于科

---

[1] GROSS P L K, GROSS E M. College libraries and chemical education [J]. Science, 1927, 66 (1713): 383-406.

学》一文，主要内容虽然还是讨论引文索引检索科技文献的功能，但也提出了引文索引将来可以在评价学术期刊方面做出贡献。他在1971年对2000种学术期刊中的约100万篇参考文献进行统计，从中发现约有24%的被引量来自其中25种期刊，50%的被引量来自其中152种期刊，75%的被引量来自其中767种期刊，剩余的被引量散布在数量更大的学术期刊群[①]。为了验证自己的这一发现，他对更大规模的学术期刊文献进行了引文统计分析，引文集聚现象同样存在。基于这一认识，他在1960年创办了美国科学情报研究所（Institute of Scientific Information，简称ISI）。ISI专门对被引频次与同行专家评议的相关关系进行过长时间的比对研究。为了消减获奖对学术论文产生的可能影响，ISI统计了1962年、1963年诺贝尔物理学奖、化学奖、医学奖的获奖者在1961年所发表论文的被引量，然后对此进行引文分析，这些获奖科学家的篇均被引频次是2.9，远远高于本学科领域的篇均被引频次1.57。接着反过来验证，ISI又采集了1961—1975年被引频次最高的250位科学家的获奖情况，其中获得诺贝尔奖的高达42人，入选某个国家科学院院士的高达151人，其他人也都获得了其他形式的学术奖励或承认。这组数据说明了被引行为是一种学术共同体对学术研究水平的承认，也就是说，引用行为和被引论文或专著的学术水平存在着比较明显的正相关关系[②]。1963年，ISI编制的《科学引文索引》（*Science Citation Index*，SCI）单卷本首次出版。之后，ISI又于1973年编制了《社会科学引文索引》（*Social Science Citation Index*，SSCI），于1978年编制了《艺术与人文科学引文索引》（*Arts & Humanities Citation Index*，A&HCI）。这三大索引是影响全世界文献计量学和科研管理界的里程碑式的研究成果，目前已成为通行全世界的学术期刊评价系统。

被引量是指一系列基于使用引文分析法评价学术期刊的绝对评价指

---

① GARFIELD E. Citation analysis as a tool in journal evaluation [J]. Science, 1972, 178 (4060): 471-479.
② 加菲尔德.引文索引法的理论及应用 [M].侯汉清，陆宝树，马张华，译.北京：北京图书馆出版社，2004.

标，包括总被引频次、5年被引频次、他引总频次、被引刊数等。总被引频次是指该学术期刊创刊以来所刊发的全部论文在评价当年被引用的总次数；5年被引频次是指该学术期刊前5年所刊发的全部论文在评价当年被引用的总次数；他引总频次是指该学术期刊自创刊以来所刊发的全部论文被其他统计源在评价当年引用的总次数；被引刊数是指在评价当年引用该学术期刊的期刊数量。总被引频次、5年被引频次标识的评价意义基本是一样的，之所以设置5年被引频次，是因为总被引频次统计量相对较大，5年被引频次在一般情况下可以是总被引频次的简省替代指标。他引总频次是为了消除自引对总被引频次的影响而设置的，但在有效去除了不正当自引影响的同时也去除了正当自引的影响。学术期刊的被引量与所刊发论文的整体学术质量相关，同时也受期刊载文量、关注度、可获得性、所属学科领域的影响。非正常引用和统计源的不同也会干扰被引量数值的变化。

引文评价尽管并不完善，也饱受争议，但它之所以成为评价论文和期刊学术水平的主流权威指标，是因为从经济性、科学性、简便性来综合考虑，它是最优的选择。计算机技术的广泛应用更使得这种方法的统计简易性、大样本可操作性大幅提高。时至今日，引文分析依然是学术期刊评价体系和论文评价系统的主要评价方法。从引用向度的实质看，被引指标实际上考察的是论文的学术影响，并不是论文的学术水平。目前这种"错位"使用只是一种权宜之举。

6.发行量

发行量一直是衡量期刊影响力的重要依据。刊物有足够的发行量，才能体现其应有的社会效益和经济效益。发行量的多少也可以看作读者通过订阅行为表达的对学术期刊办刊水平所做的投票结果。由于各类期刊的发行量差距很大，采用发行量来比较不同类期刊的办刊质量在评价意义上会有很大偏离。就学术期刊而言，不同专业领域的学术期刊的发行量存在着明显差距；即使同专业领域的学术期刊，也会由于办刊方向的不同，导致发行量有较大的区别。比如，新闻传播领域的学术期刊群中，《新闻与写作》由于偏实务，对新闻写作具有较好的实践指导意义，发行量在同领域学术期刊中表现突出。由于学术期刊的发行量整体偏少，用发行量来评价学术期刊的意义并不大，而网络阅读方式的兴起更是冲垮了发行量对学术期刊的评价价值。

7. Web下载量

随着数字出版的强势崛起，通过网络阅读科技文献已经成为研究者的日常普遍行为。而网络下载、阅读一般是需要付费的，不是随意下载的，这使得下载本身就含有了对学术论文的认可意味。Web下载量在网络阅读已经成为阅读主流方式的背景下，替代了发行量参与学术期刊评价的位置。其评价指标包括Web下载总量和Web即年下载量。Web下载总量是指被评价期刊历史上被下载的总次数，Web即年下载量是指被评价期刊在本年度被下载的次数。Web下载量标示着学术期刊被读者关注的程度，理论上推测，被阅读的次数越多，被关注的程度就越大。由于中国知网、万方数据等数字出版平台无法监测读者的阅读状态、限制读者下载之后的私自转让，也就无法确定每一篇论文是否被阅读以及被下载后的阅读人（次）数。这也使得用这一指标考量论文和学术期刊的社会认可度只是一个估测，而不是精确计量。拥有较多下载量有可能是论文学术水平较高，对读者的学术研究帮助较多，但也有可能是论文的题目或内容摘要比较吸引读者，在内容上也许并没有多少可借鉴之处。

社会认可度与学术水平显然不是一个维度的概念。通过Web下载量测度期刊的学术水平缺乏让人信服的理由。一些研究者曾对Web即年下载量与学术水平的相关性开展过研究，结论并不统一。有的认为是低度负相关，也有的认为是低度正相关。这也说明将Web即年下载量作为期刊学术水平的评价指标是难以成立的，但作为论文学术影响的评价指标仍具有一定的参考意义。

8.其他绝对定量指标

除了以上列举的指标，还有一些虽见之于研究论文但并没有被学术期刊评价体系使用的绝对定量指标。不被使用的主要原因是评价指向不明确或者重要性不够，这样的指标可以分为三类。第一类是被引期刊数、被引机构数等被引指标；第二类是引用频次、引用期刊数、引用机构数等引用指标；第三类是作者地区分布数、作者机构分布数等作者分布指标。

（二）相对定量指标

相对定量指标是一个相对比较量，相较于绝对定量指标，可以通过比值更加明确指标的指向和意义。相对定量指标按照指标的评价指向可以大致分为四类：第一类指向学术期刊学术影响评价，有被摘转率、被引率、他引总引比、H指数、被引半衰期、扩散因子、基金论文比等；第二类指向学术期刊的流通使用评价，有发行量平均增长率、Web下载率等；第三类指向学术期刊的学术交流程度，有引用率、引用半衰期、引他总引比等；第四类指向学术期刊的作者队伍广度的评价，有国外论文比、平均作者数等。此外，还有一些不常用的相对定量评价指标。具体的相对定量指标分类如表1-2所示。

表1-2 相对定量指标分类

分类	质量指标	流通指标	引用指标	作者分布指标
评价指向	学术影响	流通使用	学术交流程度	作者队伍广度
评价指标	被摘转率、被引率、他引率、他引总引比、H指数、被引半衰期、扩散因子、特征因子、论文影响分值、论文被引指数、互引指数、基金论文比等	Web下载率、发行量平均增长率等	引用率、引用半衰期、引他总引比等	国外论文比、平均作者数等

1.被摘转率

被摘转率是被摘转量与载文量的比值，也就是篇均被摘转量。被摘转率的设计可以有效消减学术刊物依靠较大载文量获得较大被摘转量的可能性,显然优于单纯以被摘转量评价学术刊物。在影响因子等引文指标还没有大行其道前,被摘转率曾是评价期刊学术质量的主要评价指标。

被摘转量与被摘转率成正比,载文量与被摘转率成反比。被摘转量和载文量的影响因素同样也会影响到被摘转率。理论上理解,在学术期刊的刊文学术水平保持不变的情况下,被摘转率随着被摘转量的增加而增加、减少而减少;随着载文量的增加而减少、减少而增加。在载文量基本保持不变的情况下,期刊学术水平提升,被摘转量会有所提升,也就使被摘转率相应增加;期刊学术水平下降,被摘转量也会走低,也就使被摘转率相应减少。被摘转率的指标导向是指引刊物向提升办刊学术水平而努力,但数值较少的被摘转量受偶然因素影响较大,实际情况很难完全符合理论上的推断。

2.被引率

虽然学术期刊的引文分析评价一直备受争议,但由于它赋予科研管理的简便性非常明显,目前依然被认为是最具科学性的定量评价方法。研究表明,论文的被引用与学术质量之间存在着较为明显的正相关关系[①]。为了消减载文量对被引量的影响,加菲尔德提出使用被引率评估学术期刊的影响力。被引率是学术期刊被引频次与载文量的比值,也就是篇均被引量。自推行以来,它获得了科研管理界的广泛响应,其中尤以影响因子影响最大。被引率的主要影响因素除了被引频次、载文量、评价时间段,不同的统计数据库由于所统计的学术期刊数量和品种不同也会引起被引率数值的差异。

(1)影响因子。影响因子有两种表达方式:2年影响因子和5年影响因子。其中,2年影响因子的接受度更高。狭义的"影响因子"就是指2年影响因子,具体是指该学术期刊被统计年度的前2年所刊发的论文在被统计

---

① 加菲尔德.引文索引法的理论及应用[M].侯汉清,陆宝树,马张华,译.北京:北京图书馆出版社,2004.

当年的被引总频次与前2年载文量的比值。之所以统计年度为2年，是因为加菲尔德依据普赖斯的峰值理论，将统计时间2年设定为学术期刊被引用达到峰值的时间。

（2）反应速率。反应速率其实就是1年影响因子，指学术期刊上一年度所刊发论文在本年度的被引频次与上一年度载文量的比值。反应速率可以看作影响因子的快速反应版本，由于被引量还没有达到峰值，不具有测度学术影响的功能，主要被用来评估学术期刊被研究者利用的速度。

（3）即年指标。即年指标是学术期刊当年的反应速率，也被称为即年反应速率，是学术期刊当年的总被引频次数与当年载文量的比值，也就是当年的篇均被引量（见图1-1）。即年指标比反应速率更能体现学术界对学术期刊的响应度，被用来评估学术期刊被利用的速度和程度。

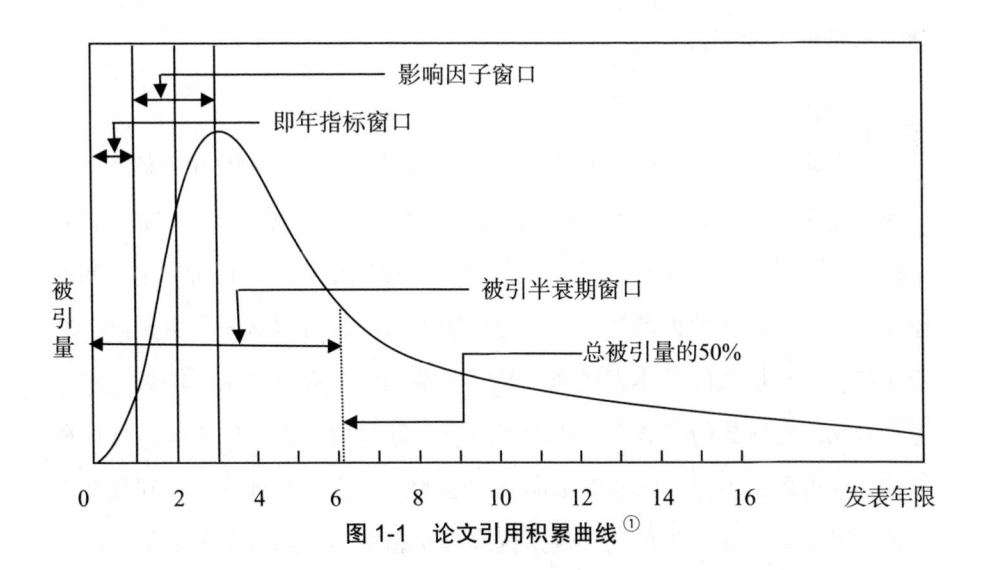

图 1-1 论文引用积累曲线[①]

3.他引率

将被引率的各项指标计算公式中的被引频次替换为他引频次后，获得的就是他引影响因子、他引反应速率、他引即年指标等他引率指标。之所

---

① AMIN M, MABE M A. Impact factors: use and abuse [J]. Medicina (Buenos Aires), 2003, 63 (4): 347-354.

以设计他引率指标,是为了消减学术期刊自我引用带来的不合理性。不去除自引行为,会导致学术期刊为了提高被引量和被引率鼓励作者多引用本刊所刊发的论文;去除了自引行为,当然也同时消减了合理的自我引用。为此,有的学术期刊评价系统将被引率与他引率一起配合使用。除了和被引率一样受载文量、评价时间段、统计来源等影响,他引率的主要影响因素还有他引频次。

4. 他引总引比

他引总引比是学术期刊在评价年度的他引频次与被引频次的比值,用来评估该学术期刊他引行为在总被引中的贡献程度。如果某领域的学术期刊群的他引总引比都较低,说明该领域的研究较为封闭。如果某学术期刊的他引总引比在本领域学术期刊群中较低,说明该学术期刊较大可能学术水平较低或人为提倡自引。

5. H指数

H指数是美国学者乔治·赫希(Jorge E. Hirsch)于2005年首创的一项文献计量指标[①]。H指数最初是为了测度学者的学术成就设立的,"H"就是"高引用次数"(high citations)的首写字母,后来也被用来评价学术期刊的学术影响力。H指数也是基于引文分析法提出的,可以认为是引文分析的衍生指标。H指数的具体表述为:某学术期刊最多有H篇论文均被引用过至少H次。H指数的优势在于兼顾了质量、数量两个方面的测度,且计算简便。H指数高不仅表明该学术期刊的学术水平高,而且意味着刊载高水平论文的数量也多。那些为了快速提高被引指标而片面减少载文量的学术期刊的H指数不会有出色表现。也就是说,论文质量或数量的单方面提高对H指数影响不大;只有质量和数量都提高,才会有效提升H指数指标数值。H指数的局限也很明显,一是灵敏度低,尤其是H指数越大,上升所

---

① HIRSCH J E. An index to quantify an individual's scientific research output [J]. Proceedings of the National Academy of Sciences of the United States of America, 2005, 102 (46): 16569-16572.

需要的时间就会越长，由此导致了区分度较差；二是数值只增不减，无法通过H指数观测到学术期刊的退步。

6.被引半衰期

被引半衰期是一项评估学术期刊学术影响力衰退速度的评价指标，具体指学术期刊在评价年度较新的一半的被引用行为发生的时间段。理论上认为，学术期刊的被引半衰期越长，该刊学术影响力的衰退速度越慢、越具有长期学术价值。但在实际评价中发现，学术期刊的被引半衰期较短也可能是因为涉及的专业领域的研究较为活跃。学术期刊的学术影响力衰退速度与学术水平高低是两个概念，没有明显的相关关系[①]。有些学术期刊学术水平较高，但同时被引半衰期可能很短；有些学术期刊学术水平较低，但同时被引半衰期可能会很长。

7.扩散因子

扩散因子是评估学术期刊学术交流广度的一项评价指标，具体表述为：在评价年度引用该学术期刊的期刊数与该刊总被引频次的比值。由于比值普遍较小，在实际使用时需要对比值乘以100，以方便比较。换句话说，扩散因子的数值就是某学术期刊在评价年度每100次被引行为所涉及的期刊数。对于学术期刊来讲，引用期刊数在办刊初期会有所波动，然后逐渐趋于稳定。扩散因子的主要变量是总被引频次。一般来说，刊物的扩散因子会呈现初期上升，达到一个固定位后开始震荡，然后趋向下行。也就是说，在被评价期刊的总被引频次还没有达到固定位前，扩散因子尚有评估价值；在总被引频次达到固定位后，扩散因子就失去了评估的指标意义。

8.特征因子

特征因子是美国学者卡尔·伯格斯特龙（Carl Bergstrom）在2007年提

---

① 白云.中国人文社会科学期刊被引半衰期分析研究［J］.云南师范大学学报（哲学社会科学版），2006（4）：127-130.

出的一种期刊引文评价指标[①]。在特征因子的假设中，某学术期刊被高水平学术期刊引用的次数越多，那么该期刊的学术影响力越高。也就是说，特征因子基于引用期刊的学术水平来考察被引行为的质量。为此，需要构建该期刊评价年度前5年的他引矩阵，对引文数量和引文质量实行综合评价，以体现期刊的学术影响力。特征因子在评价理念上是影响因子的升级版，但计算起来也更为复杂。因其基于影响因子数据开发而成，也就摆脱不了影响因子带来的先天缺陷。

9. 论文影响分值

论文影响分值是某学术期刊的特征因子数值与该期刊前5年总载文量的标准化取值（该期刊5年的载文量/所有来源期刊5年的载文量）之比。论文影响分值实际上测度的是篇均学术影响力。

10. 论文被引指数

论文被引指数是某学术期刊前5年刊发的论文在评价年度被引频次大于或等于1的论文数量与该期刊前5年的总载文量的比值。该指标是基于有影响力的学术论文的占比来考察学术期刊的学术影响力。

11. 互引指数

互引指数是某学术期刊的被引集中度与该学术期刊所属专业领域的平均被引集中度的比值。把统计年度引用某学术期刊的期刊按引用次数的多少递减排列，然后累加被引次数，达到被引总次数一半时所对应的期刊数量即该期刊的被引集中度。互引指数用于分析某期刊被引期刊分布广度的合理性。

12. 基金论文比

基金论文比是指学术期刊在统计时间段内受到包括国家自然科学基金、国家社会科学基金等国家级基金项目和各类省部级基金以及重大横向

---

① BERGSTROM C. Eigenfactor: measuring the value and prestige of scholarly journals [J]. College and research libraries news, 2007, 68 (5): 314-316.

项目资助研究的论文所占的比例。1994年，国家科学技术委员会发布的《科技期刊学术类质量要求及其评估标准》最早将基金论文比用作评估学术期刊的指标，之后逐渐推广到其他学术期刊评价系统。学术期刊也随着"指挥棒"对有基金项目支持的论文给予了特别关注，受基金项目支持的学术论文也就身价倍增，获得了一定程度的刊发优先权。基金论文比之所以被列为学术期刊的评价指标，是人们先入为主地认为受基金项目资助的论文的学术水平普遍较高。因为这些论文是经过严格评选的基金项目团队完成的，学术研究方向一般都是专业前沿，项目负责人又具有优良的科研业绩，理论上应该具有较高的学术水平。但这种假设是可能而不是必然。有学者对此做过专门研究，发现是否受基金项目资助与论文的学术水平没有显著的线性相关关系，尤其人文社科研究对基金项目支持的依赖度较低，受基金支持的影响度更低[①]。课题团队对研究的投入程度，执笔人的学术水平、写作能力都会影响论文的学术质量。受基金项目资助的论文因其拥有了不是基于其本身学术价值之上的发表特权，反而侵占了非基金项目论文的发表机会，降低了基金项目课题的结项难度，也助长了只为项目而研究的学术风气。

13. Web下载率

Web下载率是测度学术期刊网络认可度的评价指标，是Web下载量与载文量之比，就是篇均下载量。有学者曾对Web下载率与被引指标的相关性进行过研究，结论并不一致，有低度负相关和低度正相关两种结论。

14. 其他相对定量指标

以上评价指标或是较为常见，或是在学术期刊评价历史上留下过痕迹。此外，还有学科扩散指标、学科影响指标、国外论文比、平均作者数、发行量平均增长率、引用率、引用半衰期、引他总引比等评价指标，这些指标目前仅停留在研究层面，没有在实际评价工作中获得应用。

---

① 陶家柳."基金论文优先"辩[J].中国科技期刊研究，2010（2）：215-218.

二、定性评价指标

学术期刊出现以后，自然而然就有了对学术期刊的定性评价，只是有些评价见之于文字，有些评价存在于人心。定性评价学术期刊虽然历史悠久，但由于受人为主观因素影响较大，耗费财力和时间较多，其评价主流的地位逐渐让位于后起的定量评价。即便如此，在综合性、比对性、精细化评价学术期刊时，定性评价依然发挥着不可替代的作用。定性评价和定量评价并不是简单以是不是用数值计量来区分的，而是要看这个数值是不是依靠主观判断直接获得的。定性评价可以是按照评价方向写下的一段评语，也可以是按照指标导向用数值评分表达的评价意见。在实际评价中，定性评价指标系列并不像定量评价指标系列那样基本固定，而是由评价方按照评价目的和要求指定的，有时甚至干脆不用指标名称而用一段描述指标性质的文字表述。一般来说，学术期刊定性评价指标主要有政治标准、学术质量、编校质量、出版质量、学术影响、质量保障等方面。这些定性评价指标与其说是"指标"，还不如说是评价方向。为了和定量评价指标一起等量齐观，我们还是选择"指标"这种称呼。

（一）政治标准

政治标准是期刊出版工作的底线，学术刊物当然也概莫能外。学术刊物必须秉持正确的办刊导向，与党中央的路线、方针、政策保持高度一致，在办刊专业领域内努力促进学术研究的繁荣与发展。

（二）学术质量

学术质量对于学术期刊来说是生命线，刊物的学术质量是刊物之所以存在的基础。没有良好的学术质量，该学术刊物的存在价值就会大打折扣。学术期刊普遍以追求学术价值为重要办刊目标，但目标实现的程度取决于主办单位对刊物的投入，办刊人员的素质水平、业务能力，刊物与作者群的联系紧密度等诸多方面。

（三）编校质量

刊物的编校质量主要由刊物是否遵守编辑校对规范、学术论文格式等体现，包括是否执行国家语言文字规范，编排体例、图表编排和标点符号的使用是否正确，注释和参考文献是否标准化，文字差错率控制是否达标等。不注重编校质量的学术期刊不仅影响学术论文的传播，也会影响刊物的整体形象。

（四）出版质量

出版质量是学术期刊外在质量的体现。学术期刊的封面设计、版式安排、插图设置、印刷质量、装订水平等都是出版质量的重要组成部分。出版质量直观显性地体现着办刊水平，其中内容和形式的统一是出版质量的核心。在具体办刊过程中，不能过度强调外在而喧宾夺主，也不能过度强调内在而忽略出版质量。

（五）学术影响

刊物的学术影响和社会影响总是被并列说明，其实学术期刊的学术影响和社会影响是难以分开的。对于学术期刊而言，社会影响应该从属于学术影响，没有学术影响的学术期刊，也难以谈论社会影响。学术期刊的学术影响包括政治影响、思想影响、文化影响、环境影响、科技影响、经济影响等内容。

（六）质量保障

评估学术期刊也会对其质量保障水平进行评估，尤其是行政主管部门对期刊的评价更是把质量保障水平作为必选项。从业人员情况、编辑出版制度建设、编校流程、硬件设置条件等方面是质量保障水平的重点考察指标。

第二节　学术期刊评价方法

学术期刊评价方法分为定性评价、定量评价、定性定量相结合三种形式。

一、定性评价方法

定性评价方法历史悠久，主要通过组织人员按照相关评价方向或定性指标对学术期刊开展评价。其主要优势在于可以综合考察多种相互联系、相互制约的影响因素对学术期刊进行较为全面直观的评估，但由于主观判断色彩明显，在评价过程中容易出现人情往来、利益输送等问题。学术期刊的定性评价方法主要有专家评议法和读者调查法两种。

（一）专家评议法

专家评议法是按照评审目的设定评审规范，组织相关学术领域的专家学者对学术刊物进行评价的方法。评审专家可以是相关学术领域的高层次学者，也可以是期刊界同行，或者是业务主管部门的领导。在实际评审过程中，还需要考虑评审目的与评审流程的一致性、评审人员层次和评审经费的平衡度、评审工作量和评审效率的统合性，估测评审人员的评审态度以及与参评刊物的利益相关性等问题。

（二）读者调查法

读者调查法主要用于期刊编辑部了解读者需求和图书馆藏机构确定期刊选订范围等方面，有问卷调查、座谈交流等多种形式。读者调查法对于学术期刊或图书馆提高服务水平很有意义，这种评价方法的合理程度取决于目标调查群体的代表性、调查设计的合理性和调查分析的科学性等条件。

二、定量评价方法

学术期刊定量评价方法按照评价指标可以分为四种类型，如表1-3所示。

表1-3　学术期刊定量评价方法分类

序号	评价指标	评价方法	评价目的
1	载文量	布拉德福定律测定法、累积百分比测定法、文献百分比测定法	图书馆选订期刊
2	流通和使用量	流通使用测定法	
3	被摘转量、被引量	摘转统计测定法、引文分析测定法	学术影响评价
4	多种指标	多指标综合测定法	

（一）布拉德福定律测定法

"核心期刊"的概念是由英国著名文献学家S.C.布拉德福（Samuel Clement Bradford）首次提出来的[①]。布拉德福从某学科或某研究专题的角度观察文献分布，发现那些所属专业领域与其紧密相关的学术期刊刊发的该学科或该研究专题的学术论文较多，而与其联系松散的其他学术期刊刊发的较少。换句话说，学术期刊所属专业领域与某学科或某研究专题的关系远近决定了该学术期刊相关论文的载文量。根据这种关系的远近，可以划分出核心期刊区、相关期刊区和外围期刊区。就某学科或某研究专题而言，那些相关论文载文量大的少数学术期刊，就是核心期刊。可以看出，布拉德福定律测定法测定出来的核心期刊是对文献数量的评价，不关乎文献学术质量，它主要是为图书馆藏机构选择订购学术期刊服务的，便于图书馆就某一学科或某一研究专题聚拢文献时，用尽可能少的经费获得尽可能多的学术论文。

---

① BRADFORD S C. Sources of information on specific subject [J]. Engineering, 1934（1）: 85-86.

（二）累积百分比测定法

累积百分比测定法是由美国学者霍金斯首次提出的，本质上和布拉德福定律测定法一致，同样是对学术期刊就某学科或某研究专题载文数量的多少的评价，同样是为图书馆藏机构选订学术期刊服务。其具体测定方法也很简便，把相关学术期刊在统计时间段内相关论文的载文量递减排列，核算各家学术期刊相关论文载文量与全部期刊相关论文总载文量的比值，再按照比值大小递减排列，然后累加头部期刊载文量的比值达到一定数值（一般为80%，也可按照评价要求酌定），之前的学术期刊为核心期刊，即刊载该学科约80%相关论文的学术期刊群被划为核心期刊区。

（三）文献百分比测定法

与布拉德福定律测定法、累积百分比测定法不同的是，文献百分比测定法不是考量学术期刊的相关论文载文量，而是考量学术期刊相关论文在该刊载文量中的占比。把各候选学术期刊的这个比值递减排列，以一定百分比值为标准，截取出来的头部期刊群即核心期刊区。

（四）流通使用测定法

流通使用测定法是为图书馆藏机构流通和使用服务的评价方法。具体测定方式是对馆藏的特定专业领域或某研究专题的相关学术期刊在统计时间段内的借阅、复印等使用量进行统计，降序排列就得到流通使用程度较高的学术期刊区。流通使用测定法对于图书馆的学术期刊流通使用工作很有实用意义，但也存在着被评价学术期刊仅限于本图书馆的已馆藏期刊，高水平学术刊物因不适合广泛阅读而流通使用率较低等不足之处。

（五）摘转统计测定法

摘转统计测定法的评价目的是对期刊的学术影响进行评价。具体评价方法是以一种或多种文摘刊物在评价时间段和特定学科领域内的候选学术刊物的被摘转量或被摘率作为评价数据，截取其中数值较高的刊物群，具体截取的数值标准由评审组织方酌定。

（六）引文分析测定法

引文分析测定法的评价导向指向学术期刊的学术质量，但由于被引用行为表达的是期刊的学术影响，实质上是用学术影响评价来代替学术水平评价。具体评价方法是将某专业领域的候选学术刊物的一种或几种被引指标，如影响因子、被引频次等数值递减排列，截取其中的头部期刊群。引文分析测定法被广泛应用于各主要学术期刊评价系统。

（七）多指标综合测定法

考虑到以上各种定量评价方法各有所长和所短，具体评价实践工作会选择几类评价指标结合使用。对各项定量评价指标数据的具体处理有模糊数学法、求逻辑和法、层次分析法、加权平均法、主分量分析法等各种数据分析方法。目前除了《中文社会科学引文索引》（CSSCI）采用引文分析测定法、人大复印报刊资料转载指数排名采用摘转统计测定法，其他学术期刊评价系统基本采用多指标综合测定法。多指标综合测定法的目的是在评价指标使用上扬长避短，对学术期刊进行综合评价，但统合这些评价指标时也会出现指标叠加、冲突和计算过程繁复、工作量较大等问题。

三、定性定量相结合的评价方法

考虑到学术期刊定性评价和定量评价各有利弊，定性定量评价相结合被认为是将两者的优点最大化的评价方法，并广泛应用于评价实践。《中文核心期刊要目总览》、《中文社会科学引文索引》（CSSCI）等专业机构研制的学术期刊评价系统都不同程度地采用了定性定量相结合的评价方法。定性定量相结合的评价方法主要有调整定量指标排序法和定量指标加权法两类。

（一）调整定量指标排序法

调整定量指标排序法是在使用定量评价方法获得期刊排序之后，再引入定性评价对排序进行适度调整。由于定性评价在定量评价之后，权限高于定量评价，调整定量指标排序法的本质还是属于定性评价。和定性评价一样，调整定量指标排序法在一定程度上存在着人为主观因素的不可控性，但它毕竟对定性评价的弊端有所克服，是对定性评价的改良。

（二）定量指标加权法

定量指标加权法是先对定量评价指标按照类别进行定性加权后，再引入数据排序。由于定量评价在定性评价之后，权限高于定性评价，定量指标加权法的本质还是属于定量评价。和定量评价一样，定量指标加权法在一定程度上存在着定量评价的"错位"效应。虽然它对定量评价的"错位"效应有所调整，理论上优于单纯的定量评价方法，但实际效果也会有所出入。

第三节　学术期刊评价系统

中文学术期刊评价系统按照评价导向大致分为四大类。第一类系统的评价导向指向学术影响，因为学术影响是学术水平的反映，所以也常被看作对学术期刊学术水平或学术质量的评价，其中以北京地区高等院校图书馆期刊工作研究会和北京大学图书馆共同研制的《中文核心期刊要目总览》、南京大学中国社会科学研究评价中心研制的《中文社会科学引文索引》（CSSCI）来源期刊等为代表；第二类系统的评价导向指向综合评价，包括学术影响、办刊实力、保障条件等围绕学术期刊建设的考量角度，其中以中华人民共和国新闻出版总署发布的《全国报纸期刊出版质量综合评估指标体系（试行）》、中国社会科学院中国社会科学评价研究院研制的《中国人文社会科学期刊AMI综合评价报告》、中华人民共和国新闻出版总署提出建设的"中国期刊方阵"、教育部启动的"高校哲学社会科学名刊工程"等为代表；第三类系统的评价导向指向被摘转指标，以中国人民大学书报资料中心、人文社会科学学术成果评价研究中心的年度"复印报刊资料重要转载来源期刊"等为代表；第四类系统的评价导向指向提供各类大样本统计指标数据，以中国知网《中国学术期刊影响因子年报》、万方数据《中国科技期刊引证报告》等为代表。此外，还有其他学术期刊主管部门和协会主办的评奖、评优活动等。

一、评价导向指向学术影响的学术期刊评价系统

以北京地区高等院校图书馆期刊工作研究会、北京大学图书馆研制的《中文核心期刊要目总览》，南京大学中国社会科学研究评价中心研制的《中文社会科学引文索引》（CSSCI）为代表的评价导向指向学术影响的学术期刊评价系统，在学术期刊界影响巨大，每次新版评价结果的公布都备受关注。

（一）《中文核心期刊要目总览》

《中文核心期刊要目总览》（简称《总览》）至今已出版九版：由庄守经主编的第一版（1992年版，1992年出版），由林被甸、张其苏主编的第二版（1996年版，1996年出版），由戴龙基、张其苏、蔡蓉华主编的第三版（2000年版，2000年出版），由戴龙基、蔡蓉华主编的第四版（2004年版，2004年出版），由朱强、戴龙基、蔡蓉华主编的第五版（2008年版，2009年出版），由朱强、蔡蓉华、何峻主编的第六版（2011年版，2012年出版），由朱强、何峻、蔡蓉华主编的第七版（2014年版，2015年出版），由陈建龙、朱强、张俊娥、蔡蓉华主编的第八版（2017年版，2018年出版），由陈建龙、张俊娥、蔡蓉华主编的第九版（2020年版，2021年出版）。研制《总览》是超大规模的学术期刊评价活动，该评价系统不仅覆盖了国内全部学科门类，而且编制工作动员了大量相关科研单位和专家，详见表1-4。

表 1-4 《总览》各版次参与人员数据表[①]

版次	参与研制人员 / 名	参评学科专家 / 位	来自单位 / 个
第一版	200 余	420	129
第二版	200 余	288	114
第三版	148	215	105
第四版	111	1871	1220
第五版	102	5529	3283
第六版	108	8253	4155
第七版	115	3779	2270
第八版	126	7941	4174
第九版	145	10143	5896

1. 研制目的

20世纪80年代，国家的改革开放政策激发了社会各界、各领域的生机和活力，期刊工作也同样如此。一方面，期刊事业发展进入了快车道，刊物数量与日俱增；另一方面，图书馆藏机构的经费并没有获得同比例的增加。这样就出现了一个全国图书馆几乎都面临的共同问题：如何把有限的经费效用最大化，购买到最贴近本图书馆读者使用的学术期刊。《总览》就是由北京地区高等院校图书馆期刊工作研究会、北京大学图书馆于1990年发起，为不同类型和不同级别的图书馆订购与收藏中文期刊提供参考依据，为不同专业和不同层次的读者选择阅读中文期刊提供参考依据而研制的学术期刊目录。《总览》1992年版的《前言》中专门提到这一点："严峻的形势迫切要求人们对为数众多的期刊加以系统的研究，认真地鉴别它们的水平与质量，了解它们在所涉及的学科或专业中的地位与作用，以便于各图书馆有选择地收藏与剔除和有计划地管理与开发利用，也便于读者从期刊的海洋中探寻他们所需要的信息。因此，运用文献计量学的方法筛

---

① 陈建龙，张俊娥，蔡蓉华. 中文核心期刊要目总览：2020年版［M］. 北京：北京大学出版社，2021.

选、确认各学科的核心期刊,已成为图书馆界和情报界的当务之急。"[①]

出乎《总览》研制方意料之外的是科研管理界对《总览》的欢迎和广泛使用。《总览》1996年版的《本版前言》在介绍第一版的社会反响和应用时增提了三条新想法,一是"促进了中文期刊编辑和出版质量的提高",二是"不少大专院校和科研院所的学位管理和职称评定部门也以《总览》所列核心期刊作为依据,评价有关人员所发表的论文的质量",三是"广大学者也极为重视《总览》所列核心期刊,把它们作为选读高质量文献和发表自己研究成果的对象"。第二版还专门提到,"有的学位授予和职称评定部门根据本身的业务要求,对核心期刊做一定的增删,制定出作为本部门评价有关学科论文质量依据的期刊表,这可能是比较恰当的做法"。这充分说明,《总览》从第二版开始调整研制目的,从原有的主要为图书馆和读者服务转向也为学术评价服务。[②]

《总览》2004年版把在2000年版中所说的研制"参考工具书"的目的具体化为七个方面:一是"核心期刊表可以作为期刊采购的参考工具";二是"核心期刊表可以作为图书馆导读和参考咨询的参考工具";三是"核心期刊表可以作为评价学术研究成果的参考工具";四是"核心期刊表可以作为读者投稿的参考工具";五是"核心期刊表可以为文献数据库选择来源期刊提供参考依据";六是"核心期刊表对提高期刊质量有促进作用";七是"核心期刊研究对文献计量学研究有促进作用"。[③]

2.学科设置

对期刊所属专业领域的设置和划分是评价期刊的一个很重要的环节。《总览》的学科设置以《中国图书馆分类法》为主要依据,这样的安排源于《总览》本来就是为图书馆藏界服务的,也便于采集各相关学科对学术

[①] 庄守经.中文核心期刊要目总览[M].北京:北京大学出版社,1992.
[②] 林被甸,张其苏.中文核心期刊要目总览[M].北京:北京大学出版社,1996.
[③] 戴龙基,蔡蓉华.中文核心期刊要目总览:2004年版[M].北京:北京大学出版社,2004.

期刊的统计数据[①]。2020年版《总览》按《中国图书馆分类法》（第五版）类目分为七编：第一编，哲学、社会学、政治、法律；第二编，经济；第三编，文化、教育、历史；第四编，自然科学；第五编，医药、卫生；第六编，农业科学；第七编，工业技术。《总览》的核心期刊名额不是按照《中国图书馆分类法》的类目平均分配，而是按照各学科来源期刊的数量按比例截取的。在综合参考了我国各类高校的专业设置情况、各专业领域文献量的产出后，《总览》对学科类目做了适度调整，具体各版学科类目数量见表1-5。

表1-5 《总览》各版学科类目数量统计表[②]

版本	第一编	第二编	第三编	第四编	第五编	第六编	第七编	合计
1992年		61		16	17	11	26	131
1996年	19	18	26	16	14	10	27	130
2000年	10	9	10	13	6	9	18	75
2004年	8	8	10	14	6	9	19	74
2008年	7	8	10	14	6	9	19	73
2011年	7	8	10	14	6	9	19	73
2014年	7	8	10	14	6	9	20	74
2017年	7	8	14	14	6	9	20	78
2020年	7	8	10	14	6	9	20	74

3.评价指标

评价指标是评级系统的基石，评价指标的选用直接关系到评价效果的科学性和适用性。《总览》自创建以来，就非常注重评价指标的更新换代，尤其是计算机和互联网的普遍使用使数据的获得和运算更加简便后，《总览》的评价指标的更新步伐也比以往更快了。具体《总览》各版评价指标

[①] 戴龙基，蔡蓉华.中文核心期刊要目总览：2004年版[M].北京：北京大学出版社，2004.

[②] 陈建龙，张俊娥，蔡蓉华.中文核心期刊要目总览：2020年版[M].北京：北京大学出版社，2021.

系统的构成见表1-6。

表1-6 《总览》各版评价指标系统构成 [①]

版本	评价指标
1992年	载文量、文摘量、被引量
1996年	被索量、被摘量、被引量、载文量、被摘率、影响因子
2000年	被索量、被摘量、被引量、载文量、被摘率、影响因子
2004年	被索量、被摘量、被引量、他引量、被摘率、影响因子、获奖或被重要检索系统收录
2008年	被索量、被摘量、被引量、他引量、被摘率、影响因子、获奖或被重要检索系统收录、基金论文比、Web下载量
2011年	被索量、被摘量、被引量、他引量、被摘率、影响因子、被重要检索系统收录、基金论文比、Web下载量
2014年	被索量、被摘量、被引量、他引量、被摘率、影响因子、他引影响因子、论文被引指数、互引指数、被重要检索系统收录、基金论文比、Web下载量
2017年	被摘量（全文、摘要）、被摘率（全文、摘要）、被引量、他引量（期刊、博士论文、会议）、影响因子、他引影响因子、5年影响因子、5年他引影响因子、特征因子、论文影响分值、论文被引指数、互引指数、获奖或被重要检索系统收录、基金论文比（国家级、省部级）、Web下载量、Web下载率
2020年	被摘量（全文、摘要）、被摘率（全文、摘要）、被引量、他引量（期刊、博士论文）、影响因子、他引影响因子、5年影响因子、5年他引影响因子、特征因子、论文影响分值、论文被引指数、互引指数、获奖或被重要检索系统收录、基金论文比（国家级、省部级）、Web下载量、Web下载率

4.《总览》的筛选方法

《总览》总体上采用的是定性与定量相结合的评价方法，具体操作上采用了多指标综合测定法、定量指标加权法、累积百分比测定法、调整定量指标排序法等方法，具体的计算方式随着版次的增加有所更新。

---

① 陈建龙，张俊娥，蔡蓉华. 中文核心期刊要目总览：2020年版［M］. 北京：北京大学出版社，2021.

5.对《总览》的一些讨论

（1）核心期刊表时间滞后。《总览》1992年版统计文献年限为1988—1990年，出版时间为1992年；1996年版统计文献年限为1992—1994年，出版时间为1996年；2000年版统计文献年限为1995—1997年，出版时间为2000年；2004年版统计文献年限为1999—2001年，出版时间为2004年；2008年版统计文献年限为2003—2005年，出版时间为2009年；2011年版统计文献年限为2006—2008年，出版时间为2012年；2014年版统计文献年限为2009—2011年，出版时间为2015年；2017年版统计文献年限为2013—2015年，出版时间为2018年；2020年版统计文献年限为2016—2018年，出版时间为2021年。《总览》核心期刊表平均滞后时间约为2.89年，即使学术期刊的办刊质量有着很强的惯性，大概率不会出现大的起伏，但用2.89年前的统计依据来评价之后的学术期刊，使用上的时间距离仍较大，难免出现误差。

《总览》研制方在各版"研究报告"中也多次提及核心期刊表时间滞后问题，原因主要是统计源数据库的时间滞后、统计数据量巨大、缺少规范准确的期刊书目数据库[①]。时间滞后是客观条件使然，研制方也在想办法尽量消减。从2008年开始，《总览》从4年一版改变为3年一版，就是为了减少核心期刊表的滞后时间。

（2）部分评价指标选用不当。《总览》不断修正不当指标的使用，但还是存在一些指标选用不当的情况，如基金论文比指标的选用等。有研究表明，基金项目论文与论文学术质量、期刊学术影响没有显著的线性相关关系[②]。而且基金论文比作为评价指标会产生侵占非基金论文的发表机会、降低基金项目课题的结项难度、助长"只为基金项目而研究"之风等负面效应。

---

① 朱强，蔡蓉华，何峻.中文核心期刊要目总览：2011年版[M].北京：北京大学出版社，2012.
② 陶家柳."基金论文优先"辩[J].中国科技期刊研究，2010（2）：215-218.

2011年版《总览》采用的Web下载量指标是为了测度学术期刊在网络上的社会认可度。但下载量并不等于阅读量，存在着下载并未阅读、一文多读等现象，使得这项指标尚存在一定程度的不可测定性。

（3）将学术期刊、非学术期刊一起评价。《总览》的评价对象是全部正式出版的中文期刊，这是因为《总览》的研制发端于帮助图书馆藏机构选订期刊，原本就不是专为学术期刊评价服务的。这样就存在着将学术期刊、非学术期刊一起评价的问题。从《总览》所选用的评价指标来看，更多的是为学术期刊评价设置的，如被引量、他引量、影响因子、被重要检索系统收录、基金论文比、Web下载率等，与非学术期刊相关性并不大。使用这些指标评价非学术期刊，也存在着"错位"效应。

（二）《中文社会科学引文索引》(CSSCI)[①]

《中文社会科学引文索引》(Chinese Social Sciences Citation Index, CSSCI)的评价范围是人文社科领域的学术期刊，之所以名称中没有"人文"两个字，是因为广义的"社会科学"也包括人文领域。南京大学在1997年提出研制设想，1999年开始研制开发。CSSCI在教育界影响很大，俗称"C刊"。

1.遴选原则

CSSCI数据库来源期刊/集刊的遴选工作一般遵循以下原则。

（1）公开、公平、公正；

（2）总量控制，动态调整；

（3）定量（文献计量指标）评价与定性（学科专家）评价相结合；

（4）质量优先，兼顾地区与学科平衡。

2.基本条件

（1）所有入选期刊/集刊必须具备以下基本条件。

[①] 南京大学中国社会科学研究评价中心是产研一体的科学研究和咨询服务机构，也是南京大学"985工程"哲学社会科学创新基地。自成立以来，中心以CSSCI数据库研发建设为中心，开展人文社会科学文献的数字化加工、推广服务、科学研究等工作，网址为http://cssci.nju.edu.cn。

① 刊载人文社会科学学术论文和学术评论等原创文献为主的中文来源期刊/集刊。

② 中国大陆出版的期刊应具有CN号，港澳台地区及海外出版的期刊应具有ISSN号，学术集刊应具有ISBN号。

③ 按既定出版周期准时出版，符合期刊编辑出版规范，文献信息著录完整、规范。

（2）以下期刊/集刊不列入遴选范围。

① 属自然科学类期刊/集刊。

② 以刊载文艺作品、译文和知识普及性文章以及动态资讯等为主的期刊/集刊。

③ 转载类、文摘类期刊和年鉴等期刊/集刊。

④ 凡有下列情形的期刊/集刊不予入选：存在违反国家期刊出版管理相关法律法规或条例情况的期刊；存在学术不端或缺乏学术诚信行为的期刊/集刊；上一年度引文差错率过高的期刊/集刊。

3.学科分类

CSSCI数据库的学科分类依据是《中华人民共和国国家标准学科分类与代码》(GB/T 13745-2009)，并参照《学位授予和人才培养学科目录》（2011年）（学位〔2011〕11号）和《国家社会科学基金学科分类目录》进行。目前数据库设置了23个基于学科分类的期刊类别，同时根据我国期刊发展的实际情况设置"高校综合学报"和"综合社科期刊"等两个综合期刊类别，总计25个学科类别。

4.遴选流程

（1）形式审查。根据中共中央宣传部、国家新闻出版署、教育部等部门有关学术研究、学术期刊出版的法律法规、条例、规定等以及行业主管部门发布的公告和行业通行规范对遴选范围内的学术期刊的出版规范和形式规范等要件指标进行审查和记录。

主要审查内容为：期刊的政治导向、专业导向是否正确，版本和频率是否符合管理要求，是否存在科研诚信和学术不端情形，期刊信息、论文题录、引文著录是否完整规范，期刊自引率、机构自引率、期刊互引率等文献计量指标统计结果是否符合入选期刊要求。

（2）数据统计。对符合形式审查要求的期刊，根据CSSCI系列数据库的统计结果形成《期刊引证指标统计报告（统计年）》。

（3）数据发布。向来源期刊定向发送年度形式审查结果和统计报告，并获得反馈意见。

（4）问卷调查。根据具体需要邀请学科专家、管理专家或编辑专家就期刊/集刊的学术水准和学术影响力等进行网络评议。

（5）信息汇总。汇集各刊反馈信息和问卷调查信息及其他必要信息所反映的问题，提交专家工作会议审议。

（6）专家审议。由南京大学召集专家会议，综合评议并通过实施细则。

（7）发布目录。南京大学根据专家工作会议通过的实施细则进行相关数据处理和统计工作，根据数据直接生成下一年度来源期刊/集刊及扩展版期刊目录并正式公布。

（8）来源期刊/集刊遴选工作，每两年进行一次。

5. 对CSSCI的一些讨论

（1）CSSCI同样存在评价滞后的问题。来源期刊的遴选指标只有"他引影响因子"和"总被引频次"两项，即使指标简省，这两项指标也都需要收集前两个年度的指标数据进行评价，不可避免地存在滞后问题。这种对学术期刊的既往办刊成绩的评估，被普遍运用到之后的刊发论文评价上，其实是一种预测性推断，与实际情况会有出入。

（2）CSSCI的这两个评价指标都属于引文分析指标，引文分析在评价中存在的问题，CSSCI也同样存在。受到引用其实是论文学术影响的部分反映，而学术影响又是学术水平的部分投射。使用引文来评价学术期刊，有相关性也存在一定程度的"错位"。

二、评价导向指向综合评价的学术期刊评价系统

评价导向指向综合评价，是说不只是评价期刊的学术影响，还包括办刊实力、保障条件等一系列围绕学术期刊建设的各种情况的评价。评价导向指向综合评价的学术期刊评价系统以中华人民共和国新闻出版总署发布的《全国报纸期刊出版质量综合评估指标体系（试行）》、中国社会科学院中国社会科学评价研究院研制的《中国人文社会科学期刊AMI综合评价报告》、中华人民共和国新闻出版总署提出建设的"中国期刊方阵"、教育部启动的"高校哲学社会科学名刊工程"等为代表。

（一）《报纸期刊出版质量综合评估办法（试行）》[①]

2010年7月，中华人民共和国新闻出版总署发布了《报纸期刊出版质量综合评估办法（试行）》（新出字〔2010〕294号），12月又发布了《关于印发〈全国报纸期刊出版质量综合评估指标体系（试行）〉的通知》，并于2011年1月1日正式施行。《全国报纸期刊出版质量综合评估指标体系（试行）》（简称《指标体系》）分为基础建设条件、环境资源条件、出版能力和经营能力四大部分、十七个类别、六十余个评价指标。

1.制定《指标体系》的目的及适用范围

《指标体系》"旨在建立全面反映报刊出版活动全流程的质量与效果评价的指标体系，形成报纸期刊出版优胜劣汰机制，发现和警示不合格出版主体，鼓励和扶持优秀报纸期刊做优做强，全面提高报纸期刊出版产业的整体质量和效益，引导报纸期刊出版主体向规模化、集约化方向科学发展。""该体系适用新闻出版总署对全国报纸期刊的出版质量进行分类评估使用，同时可作为各省级新闻出版行政部门评估当地报纸期刊出版主体时的参考。"

---

① 中国石油大学（华东）期刊社. 报纸期刊出版质量综合评估办法（试行）[EB/OL]. （2011-01-16）[2022-08-25]. https://journal.upc.edu.cn/_t537/2013/0716/c1931a27383/page.htm.

2.《指标体系》的具体内容

全国期刊出版质量综合评估指标具体可见表1-7。

表 1-7　全国期刊出版质量综合评估指标体系（试行）

一级指标	二级指标	三级指标	数据来源
基础建设条件	基本出版条件	办公场所	自报+专家赋值
		印刷手段	
		发行手段	
		技术设备	
	体制机制建设	法人资质情况	管理部门赋值
		基本出版制度	
		人事管理制度	
		收入分配制度	
	出版管理规范	主管主办单位职责落实情况	管理部门赋值
		出版行为规范	
		采编行为规范	
		报社负责人资质	
		经营违规	
		年度核验质量	
环境资源条件	政策环境	行业政策调控方向	管理部门赋值
	经济环境	所关注行业或专业领域的GDP水平（仅适用于专业类、行业类期刊）	统计数据
	市场环境	占同类期刊广告市场份额	自报+系统计算
		占同类期刊发行市场份额	
	出版资源	信息资源	自报+专家赋值
		所主办 +	

045

续表

一级指标	二级指标	三级指标		数据来源
环境资源条件	人力资源	出版主体总人数	人员岗位结构	自报+系统计算
			人员学历结构	
			人员职称结构	
			学科结构（仅适用于专业学术期刊）	
	资本实力	总资产	固定资产	自报
			货币资金	
			期货证券	
		净资产	—	
	其他资源	拥有子公司的数量（全资或控股）		自报
		主管主办单位支持力度		
		荣誉度		
		专项经费资助		
出版能力	出版规模	年度总印数		自报
		年度总发行量		
		平均期发行量		
		年度总印张数		
	内容评价	导向正确性		管理部门+专家赋值
		内容与办刊宗旨的一致性		
		专业水准		
		学术诚信度（仅适用于学术期刊）		
		报道客观公正（仅适用于综合类期刊）		
		广告质量		

续表

一级指标	二级指标	三级指标		数据来源
出版能力	编印质量	编校质量		专家赋值
		出版形式规范		
		印装质量		
	学术水准（仅适用于学术期刊）	总被引频次		专家赋值
		影响因子		
		他引总引比		
		基金论文比		
		Web 即年下载率		
		年获奖论文数		
		国际论文比		
		国际编委比		
	数字出版	纸质出版物数字化		自报+系统计算
		年度数字出版收入比例		
	国际化	版权输出、引入		自报+专家赋值
		海外出版、发行		
经营能力	经营规模	收入	年度广告收入	自报
			年度发行收入	
			年度其他收入	
		支出	纸张和印刷费用总额	
			年度稿酬总额	
			年度人员工资总额	
			年度员工培训支出总额	
			年度信息化投入额	
			年度社会公益捐赠额	
	经营效益	利润总额		自报
		纳税总额		
		全员劳动效率		

3.对《指标体系》的一些讨论

（1）对学术期刊评价有一些不适用之处。因为《指标体系》是面向社科期刊开展综合评估，并非只针对学术期刊评价，所以它设定的评价内容非常广泛，对学术期刊评价有一些不适用之处。学术期刊具有一定的公益性质，"经营规模"中的"年度广告收入""年度发行收入"一般都很少，经营效益也很低；学术期刊的"出版能力"项也没有可比性，年度总发行量只有几千份、几百份的刊物比比皆是，用这些指标数据来评价学术期刊，实际上没有多大意义。

（2）评估倾向于照顾"富刊"。基础建设条件、环境资源条件差的编辑部能够办出优质的期刊，理论上应该得到鼓励和奖励。而《指标体系》旨在提倡刊物主办单位加大投入，对这样的刊物评分反而低。也就是说，同样质量的期刊，基础建设条件好、环境资源条件好的会获得高分。这样的评价结果给人一种"奖富罚贫"的感觉，不完全是"奖勤罚懒"。

（二）《中国人文社会科学期刊AMI综合评价报告》

《中国人文社会科学期刊AMI综合评价报告》是由中国社会科学院中国社会科学评价研究院编制的。中国人文社会科学期刊AMI综合评价主要从三个层次对期刊进行评价：一是吸引力（Attraction Power），指评价客体的外部环境，良好的外部环境能够吸引更多的资源，提升评价客体的吸引力；二是管理力（Management Power），指评价客体管理者管理评价客体的能力、促进评价客体发展的能力；三是影响力（Impact Power），是评价客体实力的直接表现，是吸引力和管理力水平的最终体现。

1.学科划分与期刊归类

以2018年的评价报告为例，在结合教育部《学位授予和人才培养学科目录》（2018年）、《中华人民共和国国家标准学科分类与代码》（GB/T 13745-2009）以及《中国图书馆分类法》（第五版）等学科、图书分类的基础上，将学术期刊共分成3个学科大类、23个学科类和33个学科子类进行评价。

第一大类侧重人文学科类期刊，包括考古文博、历史学、马克思主义理论、民族学与文化学、文学、艺术学、语言学、哲学和宗教学等共计9个学科类、10个学科子类。

第二大类侧重综合类期刊，共计1个学科类、2个学科子类。

第三大类侧重社会科学类期刊，包括法学、管理学、环境科学、教育学、经济学、人文地理学、社会学、体育学、统计学、图书馆·情报与档案学、心理学、新闻学与传播学和政治学等共计13个学科类、21个学科子类。

2. 评价指标

2018年的AMI综合评价指标体系由3个一级指标、10个二级指标和24个三级指标构成；实行一票否决制；设置一票否决指标、计分指标、扣分指标和观察指标。各指标按照三大学科类划分权重计分，各指标统计时间及数据来源有所不同。2018年AMI综合评价指标体系见表1-8。

表1-8　2018年AMI综合评价指标体系

一票否决指标			如认为该成果有违马克思主义基本原理，或有违中央现行基本方针政策，或存在情节严重的捏造、篡改、抄袭等学术不端行为，则一票否决，直接取消参评资格。			是□（一票否决）	否□（继续打分）
指标权重			一级指标	二级指标	三级指标	指标说明	
第一大类	第二大类	第三大类					
45%	40%	35%	吸引力	获奖状况	期刊、编辑人员获奖	中国出版政府奖，中宣部四个一批；国家社科基金资助出版；百强社科期刊	
					论文获奖	论文获得的行业奖项	
				论文状况	基金论文比	国家级基金的基金论文比	
					开放获取	开放获取的程度和更新速度	
					下载量	篇均下载次数	

续表

一票否决指标	如认为该成果有违马克思主义基本原理，或有违中央现行基本方针政策，或存在情节严重的捏造、篡改、抄袭等学术不端行为，则一票否决，直接取消参评资格。	是□（一票否决）	否□（继续打分）

| 指标权重 ||| 一级指标 | 二级指标 | 三级指标 | 指标说明 |
第一大类	第二大类	第三大类				
45%	40%	35%	吸引力	同行评议	专家委员	根据同行评议指标进行打分
					推荐专家	根据同行评议指标进行打分
					科研人员、管理人员	根据同行评议指标进行打分
20%	20%	20%	管理力	编辑队伍作者队伍	学术不端	交叉引用/交叉署名，变相买卖版面，抄袭剽窃等学术不端行为
					编辑队伍	编辑人员数量、学历构成等
					作者队伍	作者的年龄、学历、地区、机构构成等情况
				制度规范	制度建设	采稿（约稿）制度、发稿（审稿）制度、业务考核制度
					编辑规范	中外文题录信息，参考文献著录规范性、准确性，出版规范
				信息化建设	网站建设	网站建设，网站内容完备性及更新情况
					在线稿件处理系统	在线投稿、审稿系统建设情况
					微信公众号	微信公众号建设情况
35%	40%	45%	影响力	学术影响力	即年影响因子	期刊在统计年发表的论文在当年被引的次数与该刊当年发表的论文数之比
					影响因子	期刊在统计年前两年发表的论文在统计年被引的次数与该刊前两年发表的论文数之比
					五年影响因子	期刊在统计年前五年发表的论文在统计年被引的次数与该刊前五年发表的论文数之比
					论文转载量	中国社会科学文摘、新华文摘、高等学校文科学术文摘和人大复印报刊资料

续表

一票否决指标	如认为该成果有违马克思主义基本原理，或有违中央现行基本方针政策，或存在情节严重的捏造、篡改、抄袭等学术不端行为，则一票否决，直接取消参评资格。			是□（一票否决）	否□（继续打分）
指标权重	一级指标	二级指标	三级指标	指标说明	
第一大类 / 第二大类 / 第三大类					
35%　40%　45%	影响力	学术影响力	期刊与学科关系指标	学科扩展指标：在统计源期刊范围内，引用该刊的期刊数量与其所在学科全部期刊数量之比；学科影响指标：期刊所在学科内引用该刊的期刊数与全部期刊数量之比	
		社会影响力	发行量	—	
			网络显示度	网络传播力	
		国际影响力	海外发行	版权输出、海外出版情况	
			国际引用	被国外期刊引用次数	

3. 期刊分级排序方法

在AMI综合评价中，期刊按照学术水平、综合评价得分及实际工作情况依次划分为顶级、权威、核心、扩展及入库五个等级。评价结果的排序方法是"划等不排序"，每个等级期刊的排列顺序按照期刊名称音序进行排列。划分方法是以综合评价打分排序为依据，根据期刊的学术水平、所在学科分类的期刊数量及专家意见，坚持宁缺毋滥原则，确定每个学科的各级期刊数量。

4. 对AMI综合评价的一些讨论

（1）该系统评价的是学术期刊建设，不是学术期刊质量。评价的综合性和专门性是不可能兼得的。从AMI综合评价指标体系的3个一级指标、10个二级指标和24个三级指标构成可以看出，评价的指向的确是学术期刊整体建设的综合性评价。在这些评价指标中虽然有大量与学术质量评价相关的指标，如同行评议和学术影响力等，但也有队伍建设、制度规范、发行量等其他类指标。

（2）在评价指标的划分上也有可斟酌之处。从指标构成看，此系统的3个一级指标会有所交叉，这样就难免会出现部分指标不好归属的问题，如把"下载量"归到了一级指标"吸引力"旗下，把"发行量"划到了一级指标"影响力"下面。下载和发行最终都是指向读者阅读，下载的结果是读者阅读电子版，发行的结果是读者阅读纸质版，分属两个大类似有不妥。类似的问题还有一些，也反映了评价指标划分上的难以取舍。

三、基于被摘转指标数据开展评价的学术期刊评价系统

二次文摘按照各自的选文标准对原发期刊进行的全文转载、论点摘编、篇目辑览、索引编制等的数量（被摘量）和与原发期刊载文量的比值（被摘率），是分析原发期刊办刊质量和刊物影响力等状况的重要评价指标之一，长期以来受到各界的普遍关注。一些机构基于各家二次文摘刊物转载统计数据研发了学术期刊评价系统，如中南财经政法大学图书馆的年度"学术期刊被转载、摘录量排行榜"；也有基于一家二次文摘刊物转载统计数据研发的学术期刊评价系统，如中国人民大学书报资料中心的"复印报刊资料重要转载来源期刊"。

基于被摘数据研发的学术期刊评价系统与其他学术期刊评价系统最主要的不同在于其主要评价指标或者仅为被摘量（率）（中南财经政法大学图书馆的年度"学术期刊被转载、摘录量排行榜"），或者在被摘量（率）指标的基础上再加上同行评议指标（中国人民大学书报资料中心的年度"复印报刊资料重要转载来源期刊"）。

（一）中南财经政法大学图书馆的年度"学术期刊被转载、摘录量排行榜"

中南财经政法大学图书馆所提供的检索咨询服务报告和各类期刊被转载/摘登篇数的排序表在被引指标还未广泛应用时期被各级期刊管理部门

作为期刊评审的重要依据。中南财经政法大学图书馆还开发了《中文社科转载信息》（CSSRI）数据库，建立了全方位的全国社科期刊被转载篇目的检索和排序系统，面向社会提供关于社科期刊被转载、转摘和排序等方面的信息，成为该图书馆的一项特色数据库资源。

该数据库可检索1994年以来各期刊被转载、摘登的篇目信息，并提供转载、摘登篇次的多种排序比较，最新的《中文社科转载信息》（CSSRI）数据库2021年转载途径达到144种。

（二）年度"复印报刊资料重要转载来源期刊"

成立于1958年的中国人民大学书报资料中心，是新中国最早从事人文社会科学文献搜集、整理、编辑、发布的信息资料提供机构。创办早期的"复印报刊资料"文摘系列期刊的编辑方针是：将散见于各类报刊的某学科的重要论文全文复印（后改为重新排版）、编辑成册，以帮助人文社会科学的研究人员更方便地获取和阅读。它在互联网普及之前的很长一段时间内是国内人文社会科学研究文献的重要来源。

书报资料中心是国内拥有最多刊号的法人单位，现出版有148种期刊，包括"复印报刊资料""文摘""报刊资料索引"和原发期刊等四大系列。"复印报刊资料"基本覆盖了我国人文社会科学所有一级学科，对于一些交叉性较强的学科和边缘性学科也有综合类期刊相对应。所转载论文经过编辑初选、复选和专家顾问终审等专业化流程最终选定。

互联网的普遍应用，使得"复印报刊资料"在广泛获取文献方面的重要性有所降低，书报资料中心进一步加强了在学术论文评价方面的工作。经过不断调整、发展，"复印报刊资料"选择了6个评议核心指标，即学术创新程度、论证完备程度、社会价值、难易程度、课题立项、发表载体作为评文和选文的标准。目前，书报资料中心编辑出版有"复印报刊资料"全文数据库、"复印报刊资料"专题目录索引数据库、中文报刊资料摘要数据库、中文报刊资料索引数据库、专题研究数据库和数字期刊库等六大系列数据库产品，"复印报刊资料"的转载量（率）也被赋予了对于学术论文进行评价的新功能[①]，推出了年度"复印报刊资料重要转载来源期刊"。

根据2020年度评价成果中的期刊指数排名，期刊排名表分为三大类：综合性期刊排名，高等院校、社科院（联）、党政干部院校三大系统主办的学报排名，28个学科分类学术期刊排名（包含基础教育教学类）。期刊排名的维度包括转载量排名、转载率排名和综合指数排名。其中，综合指数是基于转载量、转载率、期刊论文的篇均分三个指标加权计算得出。这些排名表从横向、纵向、专业学科等不同角度，为分析研究各期刊的发展状况提供了基本量化依据。

（1）期刊界定。期刊是指具有法定刊号的期刊，以及出版的集刊；内刊、报纸不计入排名。其中，综合性期刊是指明显被复印报刊资料多个学科期刊转载的原发期刊。在复印报刊资料转载中明显具有学科优势或在期刊名称和定位中学科归属明确的期刊，不进入综合性期刊表进行排名。

（2）排名发布数量。根据各自转载量情况分别选取排名发布数量：综合性期刊、三大系统前100名或前30名，各学科期刊前50名、前30名、前20名、前15名、前10名或前5名，基础教育教学类期刊综合性与专业性共排60名。

（3）特殊处理学科。学科分类期刊排名主要参考了教育部《授予博士、硕士学位和培养研究生的学科、专业目录》的学科分类设置，由评委为论文划分学科。汇总期刊在某一学科下被转载的论文数量、得分情况，即形成该期刊在某学科的转载排名。对于交叉性很强的一级学科，如理论经济学与应用经济学，既分别按一级学科对期刊进行排名，又按交叉学科（经济学）对期刊进行综合排名。基础教育教学领域分为综合期刊和专业期刊分别排名。军事学等学科的期刊论文样本量较小，暂不进行排名。

（三）对基于被摘转指标数据开展评价的学术期刊评价系统的一些讨论

由于二次文摘期刊是按照一定的选文标准从原发期刊已刊发的文章中

---

① 赵丹群.《复印报刊资料》的学术评价功能［J］.情报资料工作，2008（5）：12-14.

选择转摘，其编辑出版时间必然晚于原发期刊。而有些原发期刊的出版又经常会滞后于原定发行时间，这样就会出现原发期刊当年度刊发的文章，有一部分会被选入下年度的二次文摘期刊。原发期刊当年被转载的文章有一部分是上一年度末的，同时也缺少当年度末的。这种统计情况是可以理解和接受的，但对于两个年度末被转载论文数量和质量有明显差别的原发期刊来说，其排名会受到一些影响。

相较其他学术期刊评价系统普遍都引入引文分析方法对学术期刊进行评价，转摘数据统计机构研发的学术期刊评价系统完全不采用引文分析，只依靠文摘分析建立评价系统，在众多学术期刊评价系统中的确独树一帜。年度"复印报刊资料重要转载来源期刊"还引入了同行专家评议的定性评价，但同行专家评议易受主观因素影响、评价过程基本由该机构主导、遴选依据来自该机构前期工作结果等问题，使得在评价过程控制中定性评价的不确定性并未得到有效消减，反而有累积叠加倾向。

四、提供各类大样本统计指标数据的学术期刊评价系统

大型数字出版平台如中国知网、万方数据等在开展数字出版和知识服务等业务的同时，依托自身巨量的期刊数字出版资源和强大的数据统计、逻辑运算、综合分析能力，也积极研发学术期刊评价系统，此类学术期刊评价系统的最大优势体现于其超大样本的数据来源。

（一）《中国学术期刊影响因子年报》

中国知识基础设施工程（China National Knowledge Infrastructure，CNKI）是以实现全社会知识资源传播共享与增值利用为目标的国家信息化建设重点工程，以建设国家级知识基础和创新体系为目标的超大型知识资源共享数字网络平台。该工程响应世界银行发布的《1998年度世界发展报告》提出的"国家知识基础设施"（National Knowledge Infrastructure，NKI）概念，由清华大学、清华同方发起，始建于1999年3月。中国知网

（www.cnki.net）是中国学术期刊（光盘版）电子杂志社和同方知网技术有限公司共同主办的出版网站，是CNKI各类知识信息内容的数字出版平台和知识服务平台。

《中国学术期刊影响因子年报》（简称《年报》）是中国知网开发的《中国知识资源总库》科学文献计量评价型系列数字出版物之一，是以大样本数据进行学术期刊评价的典型系统。从2002年开始，《年报》连续多年对中国学术期刊的国内影响力进行定量统计和分析。报告分为自然科学与工程技术版和人文与社会科学版，是在"中国学术期刊综合评价数据库"的基础上，按照《中国学术期刊（光盘版）检索与评价数据规范》对其中学术性论文的引文数据进行规范加工处理，经统计分析后编制而成的。每一年的人文社会科学版《年报》会发布上一年度人文社会科学类期刊的各类影响因子、总被引频次、可被引文献量、可被引文献比、基金论文比、引用半衰期、被引半衰期、引用期刊数、被引期刊数、他引总引比、互引指数、Web即年下载率、总下载量等一系列评价指标的数据，尽量避免单一指标排序所带来的偏差。其中，总被引频次和影响因子的统计源覆盖期刊、博硕士学位论文、会议论文，可全面反映期刊对学科发展、专业人才培养所起到的作用。与此报告配套的网络增强版为"个刊影响力统计分析数据库"（jif.cnki.net），该数据库提供了各项指标数据的查询服务并提供更丰富的服务于办刊决策的统计分析数据。

1.《年报》（人文社会科学版）的结构

《年报》分为三个部分，第一部分为统计年度的期刊影响力指数、所在分区及主要影响因子，第二部分是该年度各刊的其他各类计量指标值，第三部分为各项计量指标对应的可被引文献量与被引频次列表。各部分均按学科将期刊分组，并按复合影响因子数值降序排列。

2.《年报》（人文社会科学版）的特色评价指标

（1）基于统计源的特色指标。

① 基于人文社科统计源期刊进行数据统计的评价指标，即人文社科统

计源指标，包括人文社科影响因子、人文社科即年指标等。

② 复合类指标。《年报》在综合统计源期刊的基础上又增加了我国部分博硕士学位论文与会议论文，它们与综合统计源期刊一起合称为复合统计源文献。基于复合统计源进行数据统计的评价指标就是"复合类指标"。复合类指标包括复合总被引、复合影响因子、复合他引影响因子、复合5年影响因子、复合即年指标等。

③ 综合类指标。科技期刊统计源期刊与人文社科类统计源期刊一起总称为综合统计源期刊，基于综合统计源进行数据统计的评价指标就是"综合类指标"。综合类指标包括综合总被引、综合影响因子、综合他引影响因子、综合5年影响因子、综合即年指标等。

（2）出版指标。

① 可被引文献量。《年报》中的"可被引文献"是指可能被学术创新文献引证的一次发表文献。"可被引文献量"是指被某期刊在指定时间范围内发表的可被引文献的总篇数，不计入被学术创新文献引证的可能性很小的文章、二次发表文献、与引证计量评价无关的文献，包括叙事抒情、介绍、科普资料、转载、摘登、摘译、设计文案、广告、提要、资讯、信息、通知、启事、导读性介绍性卷首（刊首语）、照片、图片、参考资料等。

② 可被引文献比。可被引文献比是指某期刊在指定时间范围内发表的可被引文献量与载文量之比。在《年报》评价实践中，一般意义上的载文量指的就是可被引文献量，在统计载文量时已经将此因素考虑在内，《年报》把这一甄别过程用计量指标进行了统计。

（二）《中国科技期刊引证报告》

《中国科技期刊引证报告》（简称《引证报告》）由中国科学技术信息研究所情报方法研究中心与北京万方数据股份有限公司合作，从1998年开始联合编制出版年度，分为核心版和扩刊版。《引证报告》依托中国科学技术信息研究所国家工程技术数字图书馆"知识服务"系统，在万方数据—数字化期刊群基础上，结合中国科技论文与引文数据库（CSTPCD）编制。

1.《引证报告》的结构

《引证报告》分为三个部分，第一部分为上一年度的中国科技期刊被引指标按类刊名的字顺索引列表，第二部分是上一年度的中国科技期刊来源指标按类刊名的字顺索引列表，第三部分是中国期刊名称类目索引列表。

2.《引证报告》的学科分类

《引证报告》依照《中国图书资料分类法》，参考其他同类研究的类目体系，将统计源期刊分为基础科学、工业技术、农业科学、医药卫生、哲学政法、社会科学、经济管理、教科文艺等8个大类，共124个小类。

3.《引证报告》的评价指标

《引证报告》公布的被引指标包括扩展总被引频次、扩展影响因子、扩展即年指标、扩展他引率、扩展引用刊数、扩展学科影响指标、扩展学科扩散指标、扩展被引半衰期、扩展H指标等；来源指标包括来源文献量、文献选出率、平均引文数、平均作者数、地区分布数、机构分布数、海外论文比、基金论文比、引用半衰期等。

（三）对大样本统计指标数据的一些讨论

1.大样本统计源有利有弊

广泛收录的大样本统计源的主要优点是以海量的统计数据体现其评价指标数值的可靠性，但学术水平差距较大的来源期刊，它们在统计中被同一对待的引文的质量也存在较大差异。比如，一篇学术论文被各类学术期刊、会议论文、博硕士论文引用，都被等价值计入，以此来评价学术论文和学术期刊会让低水平的引用在评价规则上占据有利地位。

2.定量评价的"错位"效应依然存在

基于大样本统计资源和强大的数据统计、逻辑运算、综合分析能力，电子期刊数据库对定量评价进行了深度开发。即使如此巨量、精确的定量评价，依然无法克服定量评价原生的评价"错位"，有时反而由于指标的繁复，使得定量评价指标的"错位"效应进一步叠加。

第二章　当下学术期刊评价存在的主要问题

我国的学术期刊评价体系建设始于为图书馆藏界提供订购学术期刊目录，评价指向主要是目标学科的文献数量，兼顾文献学术影响。在意外获得科研管理界的广泛使用后，其评价指向逐渐转为以学术影响评价为主。之后虽然又陆续开发了评价目标指向综合评价、基于被摘转指标数据、提供各类大样本统计指标数据的学术期刊评价系统，但一直也没有抢过评价学术影响的风头。之后，学术期刊评价的功能也从指导读者有效利用学术期刊、提供馆藏学术期刊备选目录、引导学术期刊竞争方向等基本功能拓展了服务科研管理、考核个人学术进步、促进学术繁荣等延伸功能。学术期刊评价体系也在评价理论、方法、指标等各方面与评价目的对标，提高了为学术质量评价服务的适用性和科学性。

学术期刊评价体系对学术文化生态产生积极影响的同时，也由拓展功能引发出了一系列的消极影响，如框限学术期刊的办刊自主独立性、引发学术期刊的不当竞争行为、降低学术期刊整体被利用效率、阻碍没有重要期刊支撑的学科的发展、助长学术研究的浮躁、滋生学术腐败等。这些消极影响并不是学术期刊评价体系所愿意看到的，甚至不是学术期刊评价体系自身的问题，而是各利益相关方有意或无意的简化使用、错误挪用和故意误用。这些负面影响源于学术期刊评价中的两次使用"错位"。第一次使用"错位"是借用学术影响评价取代学术水平评价；第二次"错位"是"以刊评文",用学术期刊评价简单代替其刊发所有论文的个体评价。当然"错位"使用不是故意为之,而是"没有办法"的办法,一定意义上是无奈之举。

第一节 评价方式存在的问题

学术期刊质量评价主要通过定量评价、定性评价、定性定量评价相结合等方式进行。定量评价一般是根据摘转、引用、获奖、阅读等数据计量进行期刊排序,其中以引文评价影响最大;定性评价主要依靠本领域专家学者评议,其主观判断的性质为学术期刊评价增加了不确定性;定性定量评价相结合也因评价主体相割裂,实际上成了两种方法的简单叠加。

一、定量评价的"方向错位"与定性评价的"不确定性"

已有的学术期刊质量定量评价方法的主要依据是刊物间的引用行为,虽然引文评价与学术期刊的学术质量存在着比较明显的正相关关系[1],但引用行为只是标示研究者在学术研究过程中受到某文献的足够影响,其影响效应、扩散程度和显示度本身并不是论文学术水平的直观呈现方式。因此,用影响力和扩散度来衡量刊物的学术质量其实是一种"方向错位"。而且对各类引用行为的同一对待无法体现出引用行为性质的千差万别,引用行为在实际操作中也会受到各种不正当引用因素的干扰,这些因素都会影响刊物学术质量评价的可印证程度。

目前,学术期刊质量的定性评价方法主要是专家评议。作为刊物学术质量在个人认识上的投射,专家评议在本质上优于引文分析法,它不会产生引文分析法评价学术期刊带来的"方向错位"效果。但符合期望的定性

---

[1] 加菲尔德.引文索引法的理论及应用[M].侯汉清,陆宝树,马张华,译.北京:北京图书馆出版社,2004.

评价还有赖于对评价过程中各环节的有效控制，在实际操作中涉及选择评审人、评审指标、评审标准、评审方法等因素，同时也受到评审预算、人员组织、时间成本等方面的限制，以及评审程序的设置水平、评审人员的学术水平和主观倾向、评审管理者的责任心和组织能力等影响因素的制约。这些"不确定性"的存在或多或少都会影响到评价预期效果的实现。

时下学术期刊质量定性评价效果的"不确定性"是不可控的；引文分析法评价效果的"方向错位"是可控的。再加上被引指标的可计量、可比较，形式上很"科学"，尤其是计算机技术为被引数据的巨量统计带来了极大助力，这使得引文分析法成为时下学术期刊质量评价的主要方式。

二、定量指标改造升级的"扬汤止沸"

为了尽量克服目前定量指标评价学术期刊的缺点，一些学术期刊评价体系通过对定量指标进行改造升级追求对期望评价效果的贴近，常见的是采用复合（综合）类指标和多指标综合测定法进行筛选排序。

（一）复合（综合）类指标

大型数字出版平台通过扩大统计数据来源提升评价效果的可信度。复合类指标就是把数据统计来源从学术期刊扩大至博士、硕士学位论文和会议论文。综合类指标数据统计来源则把人文社科类的基础研究型、应用研究型、工作研究型期刊，科技期刊的基础研究型、技术研究型、技术开发型、高级科普型、技术商评型、研究层次综合型刊物全部纳入。复合（综合）类指标通常是大型数字出版平台依托自身巨量的期刊数字出版资源和强大的数据统计、逻辑运算、综合分析能力开发的，其最大优势也体现于超大样本的来源数据。广泛收录的大样本统计源的主要优点是以海量的统计数据体现评价指标数值的可靠性，但由于统计来源中各期刊的学术水平差距较大，在具体统计中，复合（综合）类指标统计中被同一对待的引文质量也存在较大差异。更为重要的是，定量评价的"方向错位"问题依然存在，数量计算与质量评价之间的差距仍然难以弥合。

（二）多指标综合测定

测定核心期刊区的各种定量评价指标，除了测定目标指向不同，测定手段也各有局限和优缺点。在学术期刊的评价实践工作中，往往选用几种测定方法取长补短、互相结合使用，目的是通过多种指标的综合使用尽量准确、有效地实现评价目的。目前，各大学术期刊评价体系基本上是通过使用单项定量评价测定方法获得数值后，再综合多项指标筛选排序，辅之计算机综合统计分析，获得学术期刊的定量指标综合评价排名表。

多指标综合测定先要确定所选用的评价指标，但有些评价指标本身就存在瑕疵，如基金论文比指标是依据"基金项目论文水平较高"而选用的，但"基金项目论文水平较高"只是一种可能性较大的预测，并不是必然的结论。有研究表明，基金项目论文与论文学术质量、期刊学术影响没有显著的线性相关关系[1]，而且"基金论文比"作为评价指标可能会产生侵占非基金论文的发表机会、降低基金项目课题的结项难度、助长"只为基金项目而研究"之风等负面效应。再如，把被摘转量用作学术期刊评价指标的基本条件是，绝大多数学术期刊有这一指标的数据。但实际上，我国文摘类刊物的数量较少，被摘转量作为学术期刊评价指标难以覆盖全部学术期刊，而且文摘刊物群对各学术领域的关注度不均衡，文摘类刊物的摘选标准并不完全依据论文学术水平，其编辑的选文水平和主观倾向有差异，这些都使得被摘转量本身作为评价指标就有先天的不足。还有，Web下载率指标的设置目标是测度学术期刊在网络上的社会认可度，但下载量并不等于阅读量，存在着下载并未阅读、一文多读等现象，因此这项指标也存在一定程度的不可测定性。

根据综合处理定量评价指标数据的方法，多指标综合测定法可以分为求逻辑和法、加权平均法、模糊数学法、层次分析法、主分量分析法等。

---

[1] 陶家柳."基金论文优先"辩[J].中国科技期刊研究，2010（2）：215-218.

多指标综合测定法在实现多角度评价、消减片面性的同时，各项指标之间也存在重复计算的问题，容易由于过分求全责备导致评价结果的非驴非马、不伦不类。尤其是当评价目的与选用多指标综合评价方法、评价指标的出现不对应，或在评价指标权重分配上不合理，其评价程序即便再科学合理也难以获得令人信服的结果。同时，多指标综合测定法由于计算过程复杂，也会产生工作量较大的弊病。

三、定性定量评价相结合的"原地踏步"

考虑到定量评价和定性评价各自的弊端，设计者寄希望于两者相结合可以弥补不足。此类评价方法目前主要有调整定量指标排序法和定量指标加权法两种方法。

前者是在已有的定量评价指标排序的基础上，再交由定性评价适当给予调整，本质依然属于定性评价，因此也存在着人为因素的不可控性。在实际操作过程中，定性与定量评价主体难以融合、各自为政，结合的效果始终差强人意[①]。后者是对已有的定量评价数据分类赋予不同权重后，再进行加权后的定量指标排序，这实际上赋予了评价指标设置者更大的权力，但依然不可能改变定量指标本质上的"错位"，甚至会让这种"错位"进一步加深。

可以说，用引文分析法评价学术期刊，其实是一种准确性让位于高效率的无奈妥协。定性评价效果的"不确定性"虽然是不可控的，但其本质是学者基于个人学术水平和阅读感受对刊物学术质量的直观评价。如果能够采取一种方法使定性评价过程变得更加可控，同时使用基于海量数据的定性评价淹没个别学者的意见偏向，那么这种定性评价方法就会明显优于目前被广泛采用的引文分析评价法。而这在大数据分析出现之前几乎是不可能的。

---

① 李品，杨建林．大数据时代哲学社会科学学术成果评价：问题、策略及指标体系［J］．图书情报工作，2018（16）：5-14．

第二节　学术期刊评价的两次使用"错位"

目前被广泛使用的论文学术水平评价方式，就是主要通过以引文评价为代表的定量指标划分学术期刊等级，再根据学术期刊的等级判定论文的学术水平。实际上，这一系列的程序存在着两次"错位"。第一次"错位"使用是"以引评刊"，就是主要以学术期刊所刊发论文的被引用数量评价学术期刊，而被引用与学术水平之间并不是完全对应关系。第二次"错位"使用是"以刊评文"。这两次使用是"错位"使用，不是"错误"使用，应该说，在当下的学术期刊评价条件下，这两种使用还是最贴近应用实际的。

一、第一次"错位"："以引评刊"

学术期刊的学术质量包括学术水平和学术影响两个向度，学术影响是学术水平的投射。学术水平评价只能通过定性评价完成，也就是说，当下的各类学术期刊评价系统本质上都是学术影响评价，是借用学术影响评价代替了学术水平评价。把这些指标的评价数据用作论文学术影响的表征是合适的，但借用来评价学术期刊的学术水平，必然存在着一定程度的"错位"效应。

我们之所以把第一次"错位"使用称为"以引评刊"，是因为目前已有的学术期刊评价系统所使用的评价指标，主要是被引指标。引用行为本质上是说明该研究成果对其他同行的研究产生了影响，而影响其他研究者这一行为本身并不能证明其学术水平的高低以及高低程度。并不是每一项杰出的研究成果都能获得学界普遍认知，爱因斯坦的相对论就一度受到冷遇；而对实践富有指导意义的论文，也很可能难以用学界的引用行为得到表现。此外，由于研究者个体学术研究能力和接受水平区别很大，每次引用行为表达的受影响程度多少不同，引用行为在性质上也有介绍科研背景、资料性说明、论据类描述、批判性指向、非正常引用等差别，以上这些差异很显然都是不同质的。正因为如此，学界一直以来都对"以引评刊"存有异议[①]。

二、第二次"错位"："以刊评文"

第二次"错位"是"以刊评文"，就是将对论文学术水平的评价寄托于该论文在何种等级的学术刊物上发表，以学术刊物的评价代替对其刊载的某篇论文具体学术水平的评价。学术期刊评价体系的基本评价功能是对学术期刊的办刊质量进行评价，而"以刊评文"是学术期刊评价体系拓展功能的出发点。将学术期刊评价结果拓展到学术论文评价，这个出发点也是学术期刊评价体系产生争议的主要来源。无论学术期刊评价体系如何提高评价指标的科学性、适用性，如何提升评价方法的全面性、综合性或者是针对性、敏感度，如何加大评价数据采集的来源量和精确度，都无法改变由"以刊评文"引发的一系列问题。不改变"以刊评文"这个出发点，就无法消除学术界的不满和争论，也就无法从根本上改善学术评价。

改革开放以后，尤其是"科教兴国"政策的大力推进，我国的科研学术事业获得跨越式发展，科研论文井喷式增加，但这也给科研管理界带来了很大的工作压力。林林总总的学术成果评审，如果都邀集专家评审，不仅费时费力，而且经费投入非常巨大。科研管理界迫切需要一种简便、实用的论文学术水平评价方法。为了提高工作效率，有的科研管理部门甚至用论文刊发期刊的行政级别来简单评价论文学术水平。这种方法明显粗糙，但也可以看出科研管理界面对海量的多学科、多方向论文学术水平评价的无奈。于是，以《中文核心期刊要目总览》为代表的为图书馆藏服务

---

① 赵均.学术期刊评价中被引量指标及其影响因素分析[J].现代出版，2013（4）：67-70.

的学术期刊评价系统一经出现,就被科研管理界迅速选用。"以刊评文"也由此大行其道,扩散影响到科研项目申报、学位授予、科研绩效考核、职称评聘等工作和对个人、单位、地区、国家科研成果的评估,影响到了整个学术生态。

学术期刊能够成为核心期刊或来源期刊,是"以引评刊"的结果,也就是刊发的大量高被引学术论文做出的贡献。但学术期刊刊发的每一篇论文对刊物整体被引用的贡献度差别很大。也就是说,一篇论文在高等级的学术期刊上发表,并不能表明它就一定具有和刊物匹配的学术水平和学术质量。这实际上就是整体和个体的关系,是许多个体的优秀体现了整体的突出,但整体的优秀并不能证明每一个个体的杰出。有研究者基于 Nature 的定量分析发现,25%左右的论文贡献了学术期刊60%以上的影响因子[①]。一些学术水平低的论文发表在高等级学术期刊上,就可以借此获得和刊发的其他高水平论文相同的学术评价。"以刊评文"把对论文的评价交付到了学术期刊的编辑手中,并不需要学术共同体对此再评价,其弊端是显而易见的。

第三节　多家学术期刊评价系统并存

多家学术期刊评价系统并存理论上有一定的合理性和必要性:一是不同类型的学术期刊评价系统的研制目的各有偏重,应用于不同需求;二是多家学术期刊评价系统存在竞争关系,能避免一家独大、故步自封。但在当下缺乏对学术期刊评价系统进行再评价的情况下,也的确存在重复开发、浪费人财物力和令人眼花缭乱、无所适从等问题。

---

① 林德明,郭银鑫,姜磊.单篇学术论文对影响因子的贡献率研究:基于 Nature 的定量分析[J].中国科技期刊研究,2016(12):1305-1309.

一、重复开发

学术期刊评价系统之所以备受青睐，源自与科研管理的挂钩。由于有这样的实际需要，各种学术期刊评价系统都立意于为科研管理服务。《中文核心期刊要目总览》、《中文社会科学引文索引》（CSSCI）、《中国人文社会科学核心期刊要览》（CASS）、《中国科技论文统计源期刊》（CSTPCD）、《中国科学引文数据库来源期刊》（CSCD）、《中国学术期刊评价研究报告》（RCCSE）、《复印报刊资料重要转载来源期刊》、《中国学术期刊影响因子年报》、《中国科技期刊引证报告》……不是专业研究人员，很难分清这其中的区别。研制和维护学术期刊评价系统是一项需要较大人力、物力、财力投入的工程，评价目标基本相同的评价系统如果不是必须，就没有必要重复建设。尤其是各家学术期刊评价系统依托的学术期刊资源数据库所搜集的数据内容几乎完全一样，只是范围有大有小，其中重复性的统计工作量非常巨大，完全可以合并成一套，由各评价系统按照各自所需调用数据即可。另外，学术期刊评价系统的后来者如果没有从本质上改变评价方式，只是对评价指标的"修修补补"和评价方法上的"换菜名"，就没有必要再重新开发。否则即使开发了新的学术期刊评价系统也很难得到学术共同体的认可，无法获得存在感。

二、"指挥棒"太多

对学术期刊而言，评价体系多了，就意味着"指挥棒"多了。"指挥棒"多了，学术期刊的努力方向就会难以聚焦。

学术期刊评价系统如此众多，名称又如此相近、难以区别；各家评价系统又对入选期刊以各种名称命名，如顶级期刊、权威期刊、核心期刊、来源期刊、扩展期刊等，令人眼花缭乱。很多学术刊物封面上都会列出一系列头衔，这些头衔孰轻孰重，只有内行人知道，外行人"一头雾水"。在内行人看来，有的刊物十几个头衔也比不上其他刊物的一个头衔。而封面上没有列出头衔的学术期刊如果不是"菜鸟",那肯定就是大刊,不挂头衔也不影响刊物广为人知的地位。挂满头衔这种做法的确让本来挺有学术庄严色彩的学术期刊封面有了引人戏谑之处,尤其是那些杂七杂八的头衔的加入,颇能引人哂笑。

第四节　学术期刊评价被挪用的后果

谁都没有想到,本来是为了提高科研管理效率而出现的"以刊评文",成了将学术期刊评价和科研管理紧密联系起来的纽带。借此,学术期刊评价体系在发挥指导读者有效利用学术刊物、提供馆藏学术期刊备选目录及引导学术期刊竞争方向的基本功能和方便科研管理、督促个人学术进步、促进学术繁荣的扩展功能等积极作用的同时,也带来了限制办刊自主性、引发学术期刊不当行为等对学术期刊自身产生的直接消极影响和降低学术期刊整体被利用效率、阻碍没有重要期刊支撑的学科的发展、助长学术浮躁、滋生学术腐败等间接消极影响。

一、限制办刊自主性

学术期刊各有从自身办刊定位出发的办刊宗旨和办刊方向,在不被外力干涉的情况下,本来会依从所处专业领域的进步和自身发展的需要而自主办刊。有了学术期刊评价这个"指挥棒",以及"指挥棒"背后牵动的相关利益,很多学术期刊"随风起舞",或多或少、主动或被动地开始为了获得学术期刊评价系统的高评价而去俯仰迎合。尤其那些在核心期刊或来源期刊门槛游走的学术期刊更甚,有的为此调整办刊理念、审稿制度、用稿标准;有的削足适履,改变栏目设置,消减了办刊特色。当然不能排除其中一些调整是适当的、合理的,但急功近利的动作还是存在的。

其中，最为常见的是减少刊发篇数，提倡刊发长文，不刊发学术动态、书评类的论文。厚厚的一本学术期刊，只刊发七八篇论文，这也使得一直受到学术期刊界提倡的选题策划流于空谈。这些不是出自自主选择的办刊行为，是对办刊价值取向的偏离，不利于学术期刊自身的健康发展。

二、引发学术期刊不当行为

有一些学术期刊，为了获得评价指标的高数值，不把功夫用到埋头办好刊物上，而是寄希望于速成，去搞投机取巧、数据造假等不当行为。例如，不形成竞争关系的几家学术刊物建立"互引联盟"，相互引用；有的学术期刊不建议作者引用竞争期刊的论文，引导作者在论文中多引用本刊物刊发的论文等。凡此种种，不一而足。

三、降低学术期刊整体被利用效率

每次到了学术期刊评价系统发布新一版入选期刊表时，各学术期刊都会第一时间关注自家刊物的位置，可谓"几家欢乐几家愁"。入选核心期刊或来源期刊序列的学术期刊，从新一版入选期刊表发布之日起到下版发布前，所刊发的论文会被自动认定为高水平论文，作者投稿纷至沓来，稿源丰富、好稿云集；落选的学术期刊门可罗雀，差稿居多，极容易陷入恶性循环。

一边是稿源严重过剩、采用率很低，大量优质稿件积压、不能及时得到刊发；另一边是稿源严重不足、刊物发展乏力。这种状况对于学术期刊资源是很大的浪费，影响学术交流和论文价值的尽快实现，降低了学术期刊整体的被利用效率。

四、阻碍没有重要期刊支撑的学科的发展

在当前的期刊评价体系下，一些本专业领域没有重要期刊的学科的高校教师和研究人员，为了完成科研工作量，得到个人发展机会，只能按照

相近学科重要学术期刊的选稿栏目设置和选稿导向，去研究那些并不是本学科发展方向的项目，去写并不是本学科主流前沿的论文。比如，播音主持、录音艺术、动画设计等学科方向的教学科研人员，只能贴近新闻传播学科、艺术学科的重要期刊的选稿方向，撰写一些不是学科发展主流的学术论文。而对以往所刊发论文的追溯评价方式也造成了学术期刊界的选稿方向固化，学术期刊不再愿意去触碰那些被引可能性不可预测的论文。这种"病梅"式的学术研究状况非常不利于这些学科的发展，尤其阻碍了交叉学科、特色学科、新学科和微小学科的发展。

五、助长学术浮躁

由于各类科研考核、评比都把学术论文评价作为重要内容，而学术论文评价又依托于学术期刊评价，导致学术期刊评价不仅关系到论文作者的实际利益，还关系到机构评价。于是，高等院校和研究机构纷纷出台科研考核标准和奖励政策，压实学术论文发表量，这也进一步加大了科研人员发表学术论文的压力。在这样一个大环境下，一些研究者为了得到个人发展机会，只能"仓促上阵"、迅速完成论文发表任务，甚至去剽窃他人的研究成果，学术研究领域出现了大量低水平、重复研究的学术泡沫论文。还有一些研究者为了完成科研项目和工作量，迎合重要期刊和二次文摘刊物的导向，热衷于撰写一些不是发自本心和自己擅长的文章。可以说，学术期刊评价体系在一定程度上助长了这种学风。

六、滋生学术腐败

由于科研管理功能与学术期刊评价挂钩，"以刊评文"由方便使用到滥用，学术期刊成了学术界诸多利益的交织点，学术期刊界和学术期刊评价界也拥有了以往从来没有过的学术权力，也就很容易滋生学术腐败。这不仅会影响编辑职业操守和学术期刊这一学术公器的公平公正，还会影响学术交流的正常进行，败坏学术界和学术期刊界的风气。2021年5月18

日，中共中央宣传部、教育部、科技部印发了《关于推动学术期刊繁荣发展的意见》(中宣发〔2021〕17号)，该文件就学术期刊提升学术引领能力专门指出，加强学术期刊作风学风建设，弘扬科学家精神，有效发挥学术期刊在学术质量、学术规范、学术伦理和科研诚信建设方面的引导把关作用，力戒功利浮躁，杜绝"关系稿""人情稿"，坚决抵制和纠正学术不端行为[①]。

---

① 中共中央宣传部，教育部，科技部.关于推动学术期刊繁荣发展的意见[J].中国出版，2021（14）: 3-5.

第三章　学术论文质量评价向度分析

之所以要在这一章专章讨论学术论文的质量评价向度，是因为我们确立了大数据评价学术期刊的基础是对学术论文的评价，在开展对学术论文大数据阅读分析评价之前，有必要先讨论一下学术论文的评价向度。

对学术论文质量的评价是学术评价的重要组成部分。在科研成果鉴定、职称评审、项目申报等一系列科研管理工作中，学术论文质量评价占有较大比重。学术论文质量评价的总体合理，会有力提升学术共同体的积极性和创造性；反之则会影响学术资源的合理分配和学术发展的繁荣。时下学术期刊评价之所以备受争议，就是科研管理机构为了简化工作程序、减少工作量，"以刊评文"所引发的。也可以说，是学术论文评价的重要带来了学术期刊评价的受重视。

由于我们习惯于"以刊评文"，学术论文的评价被捆绑在了学术期刊评价上，对学术期刊的评价向度讨论结果比较丰富，对学术论文的评价向度反而论之甚少。学术期刊评价与学术论文评价的主要不同是，在定量评价中，学术论文只有绝对定量指标，没有相对定量指标；在定性评价中，没有出版标准和质量保障标准。

已有的学术论文质量评价方式主要分为定量评价和定性评价两大类。定量评价是围绕论文的可采集特征进行的计量统计比较，传统上的定量评价数据来自论文被摘转、获奖、被引用、下载和受基金项目资助等情况；随着大数据分析方法的出现，新出现了大数据阅读分析评价、大数据网络影响力评价等。定性评价主要是基于各类定性评价向度的同行专家评议。

第一节 学术论文质量的定量评价

学术论文质量的定量评价有传统定量评价向度、大数据阅读分析评价向度和大数据网络影响力评价向度等。

一、传统定量评价向度

学术论文评价中的摘转向度、获奖向度、基金支持向度、Web下载向度、被引向度与学术期刊评价基本一致。学术论文定量评价指标只有绝对量，没有相对量；学术期刊评价是通过多篇论文评价的，既有相对量指标，也有绝对量指标。自从出现"以刊评文"之后，对学术论文的评价仅用于同等级学术期刊刊发论文的比对评价，其评价意义也就不是那么普遍和重要了。

学术论文的摘转向度、获奖向度、Web下载向度、被引向度都是论文发表后所产生的延宕性反映，是学术共同体对该论文学术水平认识上的反映，属于学术影响范畴。基金支持向度是预设性的学术反映，理论上说基金支持向度对学术水平的反映相比摘转向度、获奖向度、Web下载向度、被引向度来说更为牵强、更不具科学性，这也是前文在讨论学术期刊评价指标时对基金支持向度持反对态度的原因。

二、大数据阅读分析评价向度

随着学术文献在网络上的广泛呈现，使用大数据分析评判论文学术价值成为可能。大数据阅读分析评价方法旨在依托中国知网、万方数据等海量的学术论文库，以获得免费阅读下载权等吸引条件，由有专业素养的海量读者在阅读论文后，按照系统事先设定的各项评价采集指标进行多方面的定性评分。系统依靠海量的评价统计淹没个人学术评价的偏离，以对评分者的专业可信度、历史评分偏离度进行纠错和加权，获得生成的归一化数据，提高评价的准确性。评价指标的数据是动态更新的，但某一篇论文的评价指标在获得一定数量后会逐渐趋于稳定。大数据阅读分析评价向度将论文学术水平的评价权交还给学术共同体，交还给广大读者，使学术评价权力回归评价主体。实际上，只有在本专业有一定造诣的研究者共同做出的评价才是相对公平、公正的，过去由于大数据分析无法实现，才使得学术评价权力被暂时让渡给学术期刊、学术文摘期刊和有关项目评奖单位。

三、大数据网络影响力评价向度

伴随着社交网络的广泛普及，学术传播渠道也逐渐向网络扩展。一方面是传统学术传播渠道的网络化，另一方面是学术成果可以直接在社交媒体上发布。社交媒体的转发、推荐、收藏、互动、评论、点赞等形式较传统的学术成果传播方式更为迅捷、精准、响应度高。基于网络对学术论文的引证、推送等反响的可被统计特征，出现了一系列企图通过学术论文的网络使用来考察其学术影响力的评价方法。其中，最有代表性的是Altmetrics指标评价方法。

Altmetrics指标评价方法是由美国科学家贾森·普里姆（Jason Priem）于2010年最早提出并使用的。它通过各种学术社交网络上的科技信息传播活动的计量来考察学术论文所产生的学术影响[1]。基于学术论文在网络上各种方式的使用和评价，Altmetrics指标评价从中提取知名度、热点、合作注释、标签密度等评价指标[2]数据进行考察。Altmetrics评价指标一直在不断扩充和丰富内涵中，有研究者从社会关注度的来源渠道将指标分为社

---

[1] PRIEM J, TARABORELLI D, GROTH P, et al. Altmetrics: a manifesto [EB/OL]. (2010-10-26) [2022-09-03]. http://altmetrics.org/manifesto/.
[2] 刘春丽. Web 2.0环境下的科学计量学：选择性计量学 [J]. 图书情报工作, 2012 (14): 52-56, 92.

会媒体关注度、自媒体关注度和在线文献管理软件用户关注度三类[1]；还有研究者按照传播领域将指标分为学术活动、学术评论、社交网络、大众传媒四类[2]。虽然Altmetrics指标评价方法相比传统评价指标对学术论文使用有着更为广泛的考察范围，但也存在着难以普遍评价和时滞性的问题。比如，斯泰米利（Syamili）等学者对2010—2015年数据源进行研究后发现，Altmetrics指标也存在着覆盖率较低的问题，其中只有15%—24%可以采集到Altmetrics指标数据，即使假以时日会有所增加，但还是难以实现将Altmetrics指标广泛应用于学术论文评价[3]。Altmetrics指标的获取也需要较长的指标积累时间，在指标积累时间段内难以使用这种评价方法。此外，从很多关于Altmetrics指标与被引指标之间的对应关系的研究来看，两者的相关性还不确定，其相关系数在0.376到0.747之间[4]。

第二节 学术论文质量的定性评价

对学术论文来说，定性评价是最直观的评价方法。因为我们每读完一篇学术论文，都会自然而然产生对它的定性评价。人们对学术论文质量的认识可以有各种角度，定性评价的指向当然也可以是五花八门的，但一般都是基于意识形态向度、学术价值向度和写作质量向度等来进行的。

---

[1] 徐英祺，杨志萍. Altmetrics用于生物多样性论文的社会影响力评价［J］. 评价与管理，2017，15（3）：55-57.
[2] 阎雅娜，聂兰渤，王静. 单篇文献的引文计量指标与Altmetrics的比较分析：以ESI的HotPapers为例［J］. 图书馆杂志，2018（3）：100-107.
[3] SYAMILI C, REKHA R V. Do altmetric correlate with citation?—a study based on *PLOS ONE* journal［J］.Collnet journal of scientometrics and information management，2017，11（1）：103-117.
[4] 陈华芳，向菲. Altmetrics在学术论文评价中的特征与优势分析：以医学健康领域为例［J］. 数字图书馆论坛，2021（2）：19-26.

一、意识形态向度

意识形态向度是对学术论文的政治导向、社会伦理要求等方面的考量。自然科学领域的学术论文较少涉及这一评价向度，但对于人文社科领域的学术论文来讲，意识形态向度是评价学术论文的首要标准。对学术论文进行意识形态向度的评价，不是简单地"上纲上线"，而是为了保证学术论文的内容遵照党的思想、方针、政策，遵守国家的法律法规和相关规定，依照主管部门的相关要求，不违背社会道德、公序良俗，总的目标是促进社会科学的繁荣与发展。按照意识形态标准评价学术论文，最难把握的是意识形态原则与学术自由的界限。我们倡导学术自由，但也要警惕以学术自由为幌子，对党和国家的意识形态建设产生消极影响的学术论文。我们坚持政治标准，但也不片面扩大政治标准，限制学术研究的争鸣与探索。由于意识形态向度的重要性，学术论文的定性评价在意识形态要求上，一般采用一票否决制，如果论文在意识形态向度上有问题，直接取消其参评资格。

二、学术价值向度

关于论文的价值评价划分有各种说法，如将论文价值分为学术价值和社会价值，再将学术价值分为科学进步价值和学科建设价值，社会价值分为社会反响和社会效益[①]。评价首先要考虑实际可操作性，评价无法具体实施就会让这种讨论的意义化作乌有。学术价值向度可以通过学术水平评价和学术影响评价表达。学术水平是评价主体对论文的主观认识；学术影响是指论文刊发后，对学界、业界所产生的延宕性影响，这种影响是与时俱进的。论文带来的经济价值和社会价值都是由学术价值引发的，都应该从属于论文的学术影响。论文的学术价值评价相较于意识形态评价，更

---

① 邱均平，谭春辉，任全娥，等. 人文社会科学评价理论与实践：上册[M]. 武汉：武汉大学出版社，2012：503.

难把握和考察，这也是论文评价的难点所在。正因为如此，学术评价领域一直以来都对论文学术价值给予最高重视，采用了多种方法期望实现精准化、简便化。精准和简便是相互矛盾的，工作实践上很难兼顾。目前，我们只能依托定量指标评价，使用论文的学术影响指标考察论文的学术价值。

（一）学术水平评价

论文的学术水平评价是评价主体基于个人学术背景、研究习得等对论文的主观认识。从论文学术水平评价的历史流变来追溯，最早的评价方式是单纯的专家评议。直到图书情报界将引文分析法广泛应用于学术刊物评价后，科研管理界便将论文学术水平评价的绝大部分转嫁给学术期刊评价系统，"以刊评文"得以大行其道。

论文学术水平来自整体学术研究价值，具体的评价指向为论文的创新性、科学性、重要性、实用性/可借鉴性。创新性是指论文是否提出了新思路、新方法、新发现、新认识；科学性是指论文是否符合客观事实标准，是否论据充分、论证严密、结论客观；重要性是指选题的重要性和结论的重要性；实用性/可借鉴性就自然科学论文来说是指是否对实践有指导意义，就人文社科论文来说是指对同类研究是否有可借鉴性和参考意义。

（二）学术影响评价

论文的学术影响评价包括论文在学科领域中产生的促进作用、对后续学术研究的影响和激活；论文对行业实践的指导价值和意义，论文相关的研究成果应用所获得的经济效益、对社会做出的公益贡献等。很多评价系统和研究者会把学术影响和社会影响分列，实际上论文的学术影响和社会影响是不可分割的，社会影响从属于学术影响而存在，是学术影响不可或缺的有机组成部分。论文产生的学术影响包括政治效益、思想文化效益、科技进步效益、经济发展效益、生态环境效益等。由于论文的学术影响必然会有很长时间的滞后，所以学术影响评价在定性评价中的评价难度超过学术水平评价。

三、写作质量向度

写作质量向度是考察论文作者通过文字、引证、图表公式、数字和计量单位等来表达学术观点的能力。写作质量可以分为文字表达的简明流畅要求、图表结构的合理准确要求和科学研究的标准规范要求。简明流畅要求是指论文的标题是否精练、内容摘要是否简明、关键词是否准确、行文是否流畅、文字是否精当等；合理准确要求是指文章结构是否合理、图表安排是否必要、公式使用是否准确等；标准规范要求是指引证是否规范、数字和计量单位使用是否符合标准等。

第三节 定性定量评价在学术价值评价指向上的向度契合和配合使用

学术论文的定性评价和定量评价指标不是互不相容的。定量评价指标其实是微观定性评价行为的统计，两类评价指标各有所长，部分评价指向存在着向度契合，可以相互配合使用。

一、两类指标的向度契合

从表3-1可以看出，意识形态向度和写作质量向度无法通过定量评价进行。这也告诉我们，在学术论文质量的评价上，定量评价相较于定性评价仍存在缺失。对学术论文质量的评价不能完全依靠定量评价，但其中的学术价值考量方面，定量评价和定性评价是基本契合、可以互相参照的。

表 3-1　定性评价和定量评价的向度契合

定性评价向度		意识形态向度		学术价值向度				写作质量向度		
			政治导向	社会道德要求	学术水平评价	学术影响评价				简明流畅要求	合理准确要求	标准规范要求
定量评价向度	传统定量评价 ||			被引向度	摘转向度	获奖向度	Web下载向度			
	大数据评价				大数据阅读分析评价向度	大数据网络影响力评价向度						

论文学术水平评价目前可以通过三种方式进行。一是邀请专家小范围评价，专家评价对少量论文来说相对简便易行，但论文数量较多就需要付出大量人财物力，且存在评审专家个人学术水平、评审态度和人情往来因素的干扰。二是"以刊评文"，通过论文刊发期刊是否入选SCI、SSCI、A&HCI、EI（The Engineering Index，《工程索引》）、CSSCI、北大核心期刊等序列进行论文学术水平评价，这也是目前科研管理界普遍的做法。这种方式损耗人财物力较少，但"以刊评文"是一种有所"错位"的评价，会与实际情况有一定程度的偏离。三是通过大数据阅读分析评价系统进行定量评价，这种方式最贴近实际学术水平，但需要该数据平台建立后才能实施。

学术影响评价是定性评价中最难评判的，而且大数据网络影响力评价方法还远没有达到广泛使用。目前的学术影响评价一般还是通过被评价方提供的一些表述来大致把握，表述水平的高低、表述内容是否确切、评判方的标准都会影响实际评价效果。将定量评价中的被引向度、摘转向度、获奖向度和Web下载向度引入学术影响的定性评价，就会有相对规范的指向和尺度。尤其是被引向度、摘转向度、获奖向度和 Web 下载向度本身就是论文发表后学术共同体对论文影响的反映，把这些数据当作论文学术影响的表征是合适的。当对同一领域内的论文进行学术影响评价时，被引向度、摘转向度、获奖向度和 Web 下载向度的先天缺陷可以得到一定程度上的消减，具备一定程度的科学性。在实施评价时，可以明确要求被评价方提供以上数据，以便定性评价时有所依据。

二、学术价值评价工作中两类指标的配合使用

学术论文具体评价的实施者应该立足于自身需求，按照当次评价的适用性、实用性等因素，自主选择其中一种向度或多种向度联合使用以开展适合自身需求的学术评价工作，并依据相关定性向度指标数据进行适合评价目标的定性评价。

定量评价适用于具体评价的初级和粗略评价阶段。定量评价在初级和粗略评价阶段的应用正好可以扬长避短，但下一步的精细评价还需要相关专业学术领域有造诣的专家学者的参与下的定性评价。这样的评价配置可以充分发挥定性评价和定量评价各自的优点，有效提高科研管理工作的有效性、合理性和可操作性。

第四章　基于大数据分析的学术期刊质量评价体系构想

改进完善学术期刊评价体系，对推动学术期刊繁荣发展具有重要意义。中共中央宣传部、教育部、科技部印发的《关于推动学术期刊繁荣发展的意见》（中宣发〔2021〕17号）是新时代指导学术期刊繁荣发展的指导性文件。该文件就完善学术期刊相关评价体系专门指出，要"以内容质量评价为中心，坚持分类评价和多元评价，完善同行评价、定性评价，防止过度使用基于'影响因子'等指标的定量评价方法评价学术期刊特别是哲学社会科学期刊"[①]。

虽然各类学术期刊评价系统都普遍宣称：现有的评价结果仅为具体的科研使用提供参考，简单使用评价结果评价某家期刊、某篇文章或某个人的学术水平都是不值得提倡的，但这并不影响科研管理机构对评价结果的钟爱，以至学术期刊评价结果成为通行学术共同体的学术评价标尺。由于学术评价对学术资源分配、学术繁荣发展而言是"牵一发而动全身"，"毫厘"的有失，都会产生"千里"的差别，所以学术期刊评价从被应用到科研管理的那一刻起，学术界就没有停止过对它的论争。这其中最惹人争议的就是"以刊评文"，即根据论文所刊发期刊在期刊评价系统中的地位，简单评定论文的学术水平层级。虽然这是明显的以学术期刊评价代替论文评

[①] 中共中央宣传部，教育部，科技部.关于推动学术期刊繁荣发展的意见[J].中国出版，2021（14）：3-5.

价，但现实中"以刊评文"因简便、高效，依然普遍运用于科研管理领域。

基于对当前学术期刊评价问题的研究，针对目前评价机制下存在的问题，课题组提出基于大数据分析的学术期刊质量评价构想。大数据并不仅指简单的海量数据，而是指针对一个指向性目标可以采集到的尽可能全的多方位、多角度、多区段的相互关联的数据。学术期刊的学术质量可以通过学术水平评价和学术影响评价获得表达，与此相对应，基于大数据分析的学术期刊质量评价也分为大数据阅读分析评价和大数据网络影响力评价。大数据阅读分析评价是对学术水平的评价，大数据网络影响力评价是对学术影响的评价。这两方面的评价方法都是先对学术期刊每期刊发的论文进行评价，然后将论文评价集聚起来评价每期、每年，甚至自创刊以来的学术期刊。

大数据阅读分析评价系统方面的研究分为评价方法、评价指标、评价流程、评价影响四部分，其中评价方法、评价指标、评价流程经过运行测试后，可以根据可实现情况与已有学术期刊评价结果进行适当程度的对比。大数据网络影响力评价系统方面的研究分为评价方法、评价指标的梳理研究。研究的最终目的是获得可以投入实际使用的学术期刊质量评价体系。具体的评价体系研制过程可见图4-1。

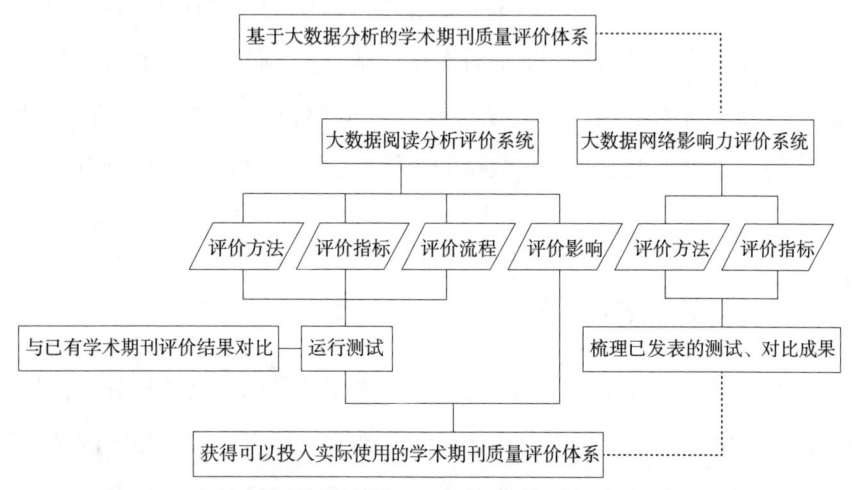

图4-1 基于大数据分析的学术期刊质量评价体系研制过程示意图

第一节　大数据阅读分析评价系统设计

大数据阅读分析评价方法旨在将评价权力交还给广大学术期刊的阅读者，它对网络上期刊论文海量的相关定性评价数据进行统计分析，可以很大程度上克服定性评价不可控的缺点，使一直受过程控制、环节选择、成本限制、因素制约等束缚而"缩在角落"的定性评价方法重新"站立"起来，发挥其应有的作用。这种基于大数据分析的学术期刊质量评价方法与引文分析法完全不同，它所依据的是学者们阅读网络期刊论文后大量的多方面的评分统计，以及对给出评分的学者的可信度进行加权和纠错的机制。我们需要做的是从评价方法、评价指标、评价流程等方面建构基于大数据分析的学术期刊质量评价体系。

大数据阅读分析评价系统首先需要建立或依托一个学术论文开放获取数据库。海量的读者在数据库内阅读完论文之后进行评分，系统对评分者的可信度实施纠错和加权之后，再进行数据的归一化处理。技术赋权使评价主体更加多元广泛，评价结果更趋公正；动态更新、随时调整、即时呈现等特点弥补了学术期刊评价的时滞性；基于用户使用痕迹分析的数据挖掘通过预测读者需求实现智能推送，使评价主体的专业性更加清晰显现；海量的用户评价客观上提升了数据的容错率，促使学术期刊评价系统更加公开透明。

一、评价方法

大数据阅读分析评价系统主要通过读者阅读学术论文后评分，再将所刊发论文的定性评价进行汇总来评价学术期刊。读者可按照设定的各项评价采集指标对论文进行初始评分，由系统根据该读者的历史评分痕迹与系统评分的偏离度实施对该初始分数的纠错和加权，从而进行归一化处理，然后自动生成该读者对该论文的加权评价分数。而汇总了大量读者的加权评分后的系统得分情况，可作为评价该论文和该期刊学术质量的主要依据，并为其他读者的阅读提供评分参考。除了按照系统得分总分排序，基于大数据分析的学术期刊质量评价系统还可以实现文章之间各分项指标的竞争力对比。比如，检索文献时，读者只需输入关键词，相关论文就会依据总分或分项指标得分按顺序呈现出来。为了鼓励读者阅读并积极参与评价，在系统依据读者注册时提交的学术领域给读者推送论文后，读者必须完成上一篇论文的阅读和评价后才能获得下一篇论文的访问和阅读、下载权限，对于非熟悉领域和超出学术认知能力范围的论文可以略过，但略过的论文和评价的论文的比例会有所限制。

需要指出的是，系统对用户评分的纠错和可信度评价机制非常重要。用户评价信息提交后，系统将对无效数据进行识别，以便于数据清洗和纠错。由于不同读者在知识广度、学识水平、专业能力等方面均存在差异，加之对于不同研究范式和研究兴趣的偏好等，如果简单地把所有读者的初始评分同一对待，即使是海量统计也必然会带来评价结果的偏离。这就需要我们在评价程序上实施评价可信度加权，具体方法是系统依据用户注册时提交的信息获得该用户的初始评价可信度，并结合用户历史累积的评价效果进行修正，动态确立其评价权重，消减评分中出现的偏向。当评分人数达到一定数量级，论文的系统分数将保持在一个相对平稳的区间，过高和过低的初始评分将被调和，从而达到一种相对稳定的状态。

二、评价指标

评价指标是收集评价信息的基础数据指向，从系统划定的评价指标上基本就可以看出该评价系统的评价性质。大数据阅读分析评价系统的评价采集指标数据主要来自学者阅读论文之后的主观判定，也就是说，该系统的评价采集指标是对阅读者主观认识指向的划分。

三、评价流程

大数据阅读分析评价系统的评价流程可简单参考图4-2。

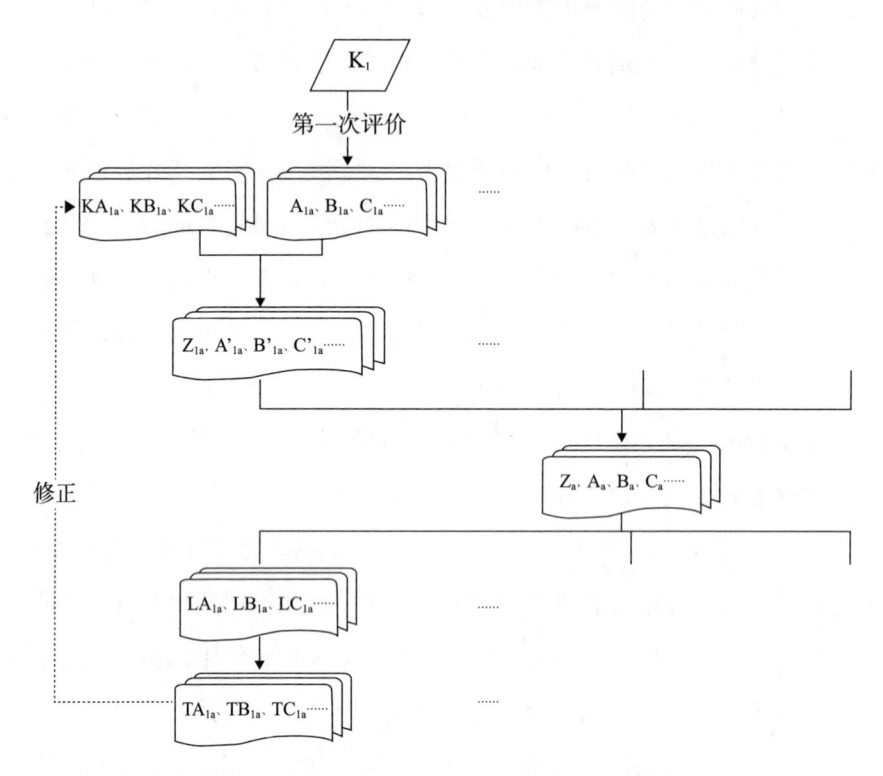

图 4-2 大数据阅读分析评价系统评价流程简图

以用户1为例,其评价可信度调整如下:

(1)注册用户基础信息的采集和分析,根据基础信息赋值给用户1以初始评价可信度K_1。

(2)在用户1阅读第一篇论文a并打分后,获得各项采集指标评分A_{1a}、B_{1a}、C_{1a}……,系统使用初始评价可信度指标K_1对A_{1a}、B_{1a}、C_{1a}……进行加权处理,得到用户1的加权分类分数A'_{1a}、B'_{1a}、C'_{1a}……,将加权分类分数按照权重占比归一化处理获得用户1的该篇基本分Z_{1a}。

(3)将各个用户的加权分类分数A'_a、B'_a、C'_a……合并归一化处理,获得该篇论文的分类汇总分 A_a、B_a、C_a……；将该篇论文的分类汇总分 A_a、B_a、C_a……按照权重占比归一化处理，获得该篇论文的基本分 Z_a。

（4）计算用户1的加权分类分数 A'_{1a}、B'_{1a}、C'_{1a}……与分类汇总分 A_a、B_a、C_a……的偏差，获得用户1分类评分偏离度 LA_{1a}、LB_{1a}、LC_{1a}……。

（5）根据用户1分类评分偏离度 LA_{1a}、LB_{1a}、LC_{1a}……，获得用户1的分类评价可信度修正值 TA_{1a}、TB_{1a}、TC_{1a}……。

（6）根据用户1的分类评价可信度修正值 TA_{1a}、TB_{1a}、TC_{1a}……，对用户1分类评价可信度赋值为 KA_{1a}、KB_{1a}、KC_{1a}……，下一次评分的评价可信度改为系统计算获得的分类评价可信度，由各类评价可信度对本类别评分进行加权。

由于不断有其他用户对该论文进行评价，a论文的 Z_a 值会不断更新。为避免用户1的评价可信度K值在多篇学术论文评价中不断循环，造成K值混乱，当该用户给下一篇论文打分时，截取该时刻的Z值，计算用户评分偏离度 P_1、KT_1，获得新的 K_1 值，进入下一篇的论文评价。随着用户累积评分篇数的增加，个人的评价可信度K值更新幅度会越来越小。理论上推断，随着该用户学识的日渐丰富，评价可信度K值会逐渐抬升。

第二节　大数据网络影响力评价系统讨论

随着互联网的普及，尤其是社交媒体的活跃，学术成果的传播和扩散也由传统的以纸质传播为主转向以网络传播为主。学术成果传播方式的变革也改变了学术影响的具体体现方式，使媒体介质、扩散速度和传播范围得到量化提升。更为重要的是，学术影响的本质也有所改变，我们需要对学术影响的内涵和外延进行重新认识和定义。

学术成果在网络平台的传播有迹可循，可采集性、可测度性明显。学术论文的大数据网络影响力评价是通过统计网络社会对学术论文的关注度，包括学术论文被网络用户浏览、下载、阅读、收藏、分享、评论、推荐、点赞等情况测度其学术影响的一种评价方法。国内可以通过微信、微博、豆瓣读书、超星等各类学术传播平台和App的推送及后续用户行为的数量、性质、时效、反馈等特征来测度。这种方法依靠网络用户的信息来源全面、数据开放透明、参与程度广泛等优势，相较于传统的学术影响评价是具有革命性意义的。被引用量、被摘转量、获奖量和Web下载量等传统学术影响评价指标基本上源于学术共同体，它们对于学术成果对社会、经济、文化等诸多影响的测度一直处于盲区。而大数据网络影响力评价不仅覆盖了传统的学术影响测度范围，还进一步延伸至学术影响的各个方面，其评价的优势和先进性是明显的。哲学社会科学学术成果由于网络传播量较自然科学学术成果更多，这种评价方法尤其适用。随着越来越多的学术论文在网络上首发和二次发布，大数据网络影响力评价的广泛性和有效性也越来越受到重视，其中最具代表性的评价方式有Altmetrics指标评价方法、PaperRank算法等。由于网络影响力是论文发表后学术共同体以及全社会所产生的反响，存在时滞性是必然的，即使是大数据测度也不可能避免。大数据网络影响力评价数据的获取也需要较长的指标积累时间，积累时间越久，指标越稳定。在指标积累时间段内难以使用这种评价方法，如果有学者建议使用，如PaperRank算法，指标的积累时间建议至少4年[①]。

一、Altmetrics指标评价方法

如前所述，Altmetrics指标评价方法是贾森·普里姆等人于2010年提出来的。该方法通过计量论文在相关学术社交平台上的学术传播行为评价其产生的学术影响。如今，Altmetrics指标已经有很多，如Mendeley读者数、

---

① 郑美莺，梁飞豹，梁嘉熹. 单篇论文评价方法：PaperRank算法 [J]. 科技与出版，2016（7）：94-98.

Altmetric Attention Score、Reddit、Wikipedia等，并且仍在持续开发中。有学者专门研究了Altmetrics指标与传统评价指标的关系，认为Mendeley读者数与被引频次中度相关，可以预测未来的被引频次；Altmetric Attention Score与被引频次弱度相关，更倾向于评价文献的社会影响力[1]。虽然Altmetrics指标评价方法对学术使用的考察范围相比传统评价指标更为广泛，但同样存在覆盖不够的问题。比如，斯泰米利等学者在深入研究2010—2015年的数据源后发现，只有15%—24%的学术论文可以采集到相关指标数据。

二、PaperRank算法

PaperRank算法是基于PageRank算法提出的。PageRank算法是一种通过网页排序测度网页重要性的方法，由谷歌公司的创始人拉里·佩奇（L. Page）和谢尔盖·布林（S. Brin）提出[2]。其基本原理是从某网页被链接网页的数量和质量两个维度考量，被链接的网页数量较多和较为重要，那么该网页的重要性也就相应较高。该算法的大致步骤是为最初进入评价的每一个页面赋予相等的PageRank值，每一个页面将当前的PageRank值平均分配给出链网页，将所有入链分配的值求和，就可以获得该网页在本次计算中的PageRank数值。通过逐次计算，每个页面的PageRank值都将更新。

PageRank算法提出之后，很快就有学者进一步提出将PageRank的页面替换成论文的PaperRank算法，通过考察网络引用，来评估论文的重要性程度[3]。按照论文发表时间对数据提取公式加以修正，就会获得PaperRank

---

[1] 刘俏. Altmetrics指标与传统计量指标对学术论文评价的关系研究[J]. 情报理论与实践，2018（7）：60-64.
[2] Page L, Brin S, Motwani R, et al.The PageRank citation ranking: bringing order to the web[EB/OL].（1988-01-29）[2022-09-02]. http://ilpubs.stanford.edu:8090/422/1/1999-66.pdf.
[3] 刘大有，薛锐青，齐红. 基于作者权威值的论文价值预测算法[J]. 自动化学报，2012（10）：1654-1662.

算法指标数据。和PageRank算法一样，PaperRank也有一定的局限性。比如：链接网页时是多向的，其主题相关性容易在链接时被忽视；发表时间较长的论文被链接的可能性远远大于新发表论文，这会导致论文的传播时间效应被扩大。为了克服这些缺陷，也有学者建议在评价排名时把论文发表时间、作者影响力等相关因素考虑在内，以获得更好的评价结果。

第三节　基于大数据分析的学术期刊质量评价体系的评价影响

一、基于大数据分析的学术期刊质量评价体系的预期评价效果

由于基于大数据分析的学术期刊质量评价体系是基于用户对所刊发学术论文的评分对学术期刊进行评价，学术论文的评价在评价学术期刊之前就已经获得，学术论文评价彻底摆脱了对学术期刊评价的依附，可以独立存在。这从评价机制上克服了"以引评刊""以刊评文"的缺点，由此生发出来的一系列学术生态反应，将会有力促进科研学术的繁荣发展。

（一）防止简单"以刊评文"，提高学术期刊的整体效能

基于大数据分析的学术期刊质量评价体系建立了阅读者对每一篇学术论文读后评分的机制，意味着论文在哪本刊物发表并不会影响论文本身的学术评价。也就是说，发表在高等级期刊的低水平论文难以获得高分评价，而发表在低等级期刊的高水平论文也能获得系统给出的高分。这种评价方式可以很大程度上抑制科研管理界的"以刊评文"问题，有效提高学术期刊的整体效能，缓解目前"核心期刊"稿满为患、非"核心期刊"门庭冷落的局面，解决学术期刊发展的结构性失衡问题。

（二）评价数据实时更新，消除传统评价系统的滞后性

传统的学术期刊评价系统存在着明显的滞后性，从评价指标来说是"以前评后"。比如，影响因子分为2年影响因子和5年影响因子两种，一般意义上的影响因子是指2年影响因子，指被评价期刊在评价年度前两年刊载的论文在被评价当年的被引总次数与该刊前两年总载文量的比值，体现的是学术期刊前两年文章的引用情况，而不是评价其当年度刊载的论文。并且从评价结果发布的周期看，入选期刊目录一经公布，在某个时段即保持不变，直至下一次重新评选。人为设置的评价周期默认了在一个周期内刊物的学术质量保持不变，难与实际情况相符，周期过长已经成为制约学术期刊评价科学性的重要因素。大数据应用于学术期刊质量评价的优势在于数据采集可以随时捕捉用户的评价行为，每一位读者的每一次评分都会立即对后台的数据产生影响，评价结果也会随之动态调整。当然，达到一定数量的评价后，之后的评价会难以撼动评价既成数据，或仅仅产生小幅波动。大数据实时、动态的特性满足了人们对学术论文即时评价的需要，消除了传统评价系统的滞后性。

（三）促进学术期刊开放获取，推动学术成果广泛交流

目前，基于大数据分析的学术期刊质量评价体系的实施条件已经具备，大多数的学术期刊论文都已经上网，中国知网覆盖了中国大多数的学术论文并实现部分开放获取，国家哲学社会科学学术期刊数据库已经基本实现开放获取。该体系可以在国家哲学社会科学学术期刊数据库这样的开放获取平台使用，也可以交付商用，商用平台可以通过向有学术论文评价和学术期刊评价需要的用户提供评价数据，以此获得一定的商业收益。目前，读者阅读和下载学术论文需要向商用平台付费，如果该体系有效落地，商用平台在以往论文查重收费的基础上，再增加向有查询学术论文和学术期刊评价数据需求的用户收取费用，以覆盖平台的成本，就可以免去用户的阅读费用。用户可以通过阅读、评价学术论文获得继续阅读学术论

文的权限，评价次数和评价可信度达到一定程度后可以获得按比例自由下载论文的待遇，这样可以激励有专业素养的读者自愿认真、有效地对待评分。商用平台还可以根据读者的阅读取向精准推送相关学术论文，以便读者更有效地阅读和研究，这种运营方式可以促使商用平台逐步实现开放获取，为学术共同体整体的研究提供便利。

（四）技术赋权使读者回归评价主体，学术共同体的学术评价效能展现

现有评价系统中，评价机构是评价主体，话语权优势明显，评价指标的科学性、评价过程的公开性、评价结果的可验证性等问题存在争议，而学术期刊的主要使用者——广大读者对学术期刊质量却缺乏发言权，读者、学术期刊和评价机构之间有效的互动机制尚未建立起来。大数据在学术期刊质量评价中的应用使评价主体拓展至每一位读者，普通读者在学术期刊评价中的话语权得以提升，读者成为学术期刊质量评价的真正主体，评价机构回归数据服务功能。基于此，读者在学术期刊质量评价中的作用将得到凸显，学术共同体的学术评价效能也能进一步发挥。

（五）降低评价成本，提高科研管理水平

无论是组织专家评议还是由第三方机构进行学术期刊评价，都需要耗费大量的人力、时间和经济成本。而基于大数据分析的学术期刊质量评价体系的评价主体是广大学术论文阅读者，系统不需要为此支出费用。另外，依靠大数据分析进行系统运行，相关工作均在网上和后台进行，所耗费的成本会大大压缩，而且评价结果对全社会公开，需要服务的科研管理机构也许需要为此支付一部分费用，就整体而言，这是一个多、快、好、省的评价方法。

（六）学术论文的精准推送，提升学术资源整体的利用率

读者的注册信息、评价数据、阅读行为数据等为基于大数据分析的学术期刊质量评价体系提供了算法支持，同时也构成了运营者研判读者的阅

读偏好、建立个性化学术论文推荐机制的基础。系统通过对上述数据的测量、记录和分析，为用户画像，可以建立读者与文献之间的关联，而根据用户特征设定文献推送的优先级，可以更好地推荐符合读者阅读需要的优质专业文献，提升学术资源整体的利用率。

二、基于大数据分析的学术期刊质量评价体系的优点与不足

相对于时下争议不断的"以刊评文"，基于大数据分析的学术期刊质量评价体系反其道而行，实行的是大数据的同行评议论文和在此基础上的"以文评刊"。由于论文直接获得了评议，科研管理部门不再需要将论文评价捆绑在刊发期刊的评价等级上，学术期刊也不再需要把自身评价寄托在评价机构、评奖机构和文摘刊物上，消减了学术浮躁和学术腐败；学术评价权力得以回归学术共同体自身，拨开低劣论文的遮蔽，高水平学术论文跃然凸显，减少了学术研究过程中所做的无用功；论文易获得性对学术期刊评价的影响更大，可以有效推动学术期刊的开放获取和学术交流，提高了学术资源整体被利用率；科研管理部门可以实时查阅成果评价，降低了科研管理成本，提高了科研管理效率。

基于大数据分析的学术期刊质量评价是来自微观同行评议个例的大数据宏观计量，本质上还是主观定性评价。评价结果得之在公允，即符合大多数学术同行对此的期望，而这一期望也只有在获取大数据阅读分析评价数据的条件下才能够满足。由于该评价体系庞大体繁，具体实施中需要依靠海量的评价数据支撑、强大的学术资源库的大力协助，以及在实际操作上的不断修正和改进，所以，其有效落地还有赖于学术共同体的积极支持和认真参与。当然，该评价不是也不可能是尽善尽美的，它也有很多的不足，如基于大数据分析的论文和期刊学术质量评价需要依靠足够数量的个体评价来淹没分歧，评价初期的评价数据可信度较低；该评价系统依然无

法解决论文"曲高和寡"问题,即一篇超越大部分同行认知的论文,其学术评价难以得到相应的水平;冷僻专业领域的用户评议肯定较少,保密专业无法通过该系统进行评价,此类论文和学术期刊可能还需要依靠传统的专家评议;等等。

第五章　对学术论文大数据阅读分析评价采集指标的讨论

　　定性评价学术论文是评价者基于个人的教育背景、研究习得和对学术前沿的把握，对论文的意识形态导向、学术水平和写作质量等做出的主观价值判断。学术论文定性评价的历史悠久，与学术论文这种信息承载方式相伴而生，并且曾一度是唯一的论文评价方法。即使在时下"影响因子"作为主要评价指标的情况下，在精细化评价、比对性评价、定性定量相结合评价等工作中，定性评价依然有"一席之地"。随着大数据分析方法的加入，定性评价也必将在学术论文评价中重新焕发生机，发挥更为重要的作用。

　　建立大数据阅读分析评价系统，在理论上构建好评价流程之后，接下来就是如何落实到具体的评价实践工作中，首先要做的是有效获得阅读者对论文的评价意见。评价意见是阅读者阅读学术论文后，基于个人的学术背景、个人对学术发展脉络的把握、所阅读论文在学术研究上的各种表现所做出的主观判断。这些评价意见需要通过评价系统设定的定性评价采集指标来收敛，以打分的形式获得具体表达，否则难以实现海量定量统计。也就是说，这些主观的评价意见本来是按照定性评价采集指标对学术论文做出的定性评价，但通过分数表达后就进入了定量评价范畴。

　　相较于学术论文的影响因子、被引频次等定量评价指标，定性评价指标更难获得公允，莫衷一是。这一点从学术论文的各类评选和各家学术期刊审稿标准的不统一就可以看得出来。一方面，评价意见需要通过预先设定的定性评价指标来体现，以打分的形式获得具体表达，否则难以实现评价意见的比较和汇总；另一方面，学术共同体对于论文定性评价指标的具体划分和指向又没有规范性的指导，再加上汉语词汇意合性强、语义模糊的特点，更使得对于学术论文定性评价指标的表述难以获得具象收敛。

定性评价是对学术论文最直观显性的主观评价，定性评价指标的混乱在一定程度上也影响了定性评价学术论文的有效性和整体一致性。对学术论文开展大数据分析评价更需要用户依据统一的定性评价指标评分，采集到的评分将是一系列后续流程的基本依据。正是因为分数的重要性，阅读者评分所依据的定性评价指标的划分和指向在系统设计中显得尤为重要。理论上说，学术论文定性评价指标不论如何划分，都不可能是面面俱到、绝对正确的。尽管如此，仍旧应该对其展开深入研究，以实现尽可能最有利于评价者打出无限接近学术论文实际学术水平的分数。

第一节　定性评价标准的相关表述搜集

阅读者对学术论文进行定性评价时，必须要以系统预先给定的评价采集指标指向作为依据。在此之前，课题组先要尽可能穷尽地搜集与论文评价标准相关的表述，以便为下一步甄选为大数据分析服务的评价采集指标做充足准备。

要想获得普遍认可的学术论文定性评价采集指标，先要尽可能全面地搜集学术共同体对此的大量普遍认识。学术论文被公认为是最能迅速反映学术研究成果的信息承载方式，对论文定性评价标准的相关表述的搜集整理工作也应该从相关学术研究论文着手。

一、相关论文搜集

（一）论文搜集范围

考虑到搜集的目标是获得对于论文评价的各种相关表述，目的是为下一步凝练评价标准做准备工作，时限太短不足以获得足够的表述，时限太长也没有太多必要。所以，课题组综合人力物力和对于课题研究的必要性，决定搜集论文发表年度以10年为宜，并将所搜集论文刊发时间范围限定为2011—2020年。

（二）文献来源类型

课题组在中国知网选择了"学术期刊"和"学术辑刊"的文献来源类型，这是因为"会议""报纸""年鉴""专利""标准""图书""法律法规""政府文件""企业标准""政府采购"等文献类型的学术性都明显比不上这两类。"科技报告""学位论文"这两类中有价值的部分也都会在学术期刊或学术辑刊上发表，不需要重复劳动。

（三）文献检索类型

课题组将文献检索类型选择为"主题"检索，这是因为"主题"检索涵盖了"篇名"和"关键词"，搜索范围更为广泛。

（四）检索词汇

课题组只使用"审稿"作为检索词汇进行搜索。之所以仅使用"审稿"一词作为检索词，这是第一次专家论证会的讨论结果。课题组也曾经提出过是否再使用其他相关词汇进行搜索，专家讨论后普遍认为，评鉴学术论文的主要工作是审稿，其他工作如刊发后的评价较多溢美之词，较少指摘，不具备为课题研究提供批判性指标的参考资格；学术评价方面的论文更多在讨论定量评价指标，讨论定性评价指标的很少；如果使用多个词汇搜索，获得的学术论文互相会有较大幅度的交叉，这样会影响之后的工作效率。

按照以上步骤，课题组搜集到 10 年内的相关学术论文共计 16114 篇，具体可见表 5-1。

表 5-1　初次搜集到的相关学术论文篇数（2011—2020 年）

年份	2011	2012	2013	2014	2015	2016	2017	2018	2019	2020
论文篇数	725	880	1090	1315	1365	1699	2170	2187	2480	2203

接下来再对上述论文进行优选，从中选择曾经被引用过至少 1 次的论文，以保证论文的优质程度。被引用虽然不能完全作为论文学术水平的评判，但以被引用 1 次来划定，可以保证该论文的被关注度。淘汰下来的论文经过查看发现，基本上是各学术期刊编辑部的投稿须知和公告等，除此之外的论文，水平也的确较低，无法用作课题研究使用，这说明这种淘汰方法是正确的。优选后各年度的相关学术论文合计 1686 篇，具体可见表 5-2。

表 5-2　优选后的相关学术论文篇数（2011—2020 年）

年份	2011	2012	2013	2014	2015	2016	2017	2018	2019	2020
论文篇数	193	161	162	185	177	175	109	160	193	171

二、整理相关的文字表述

课题组成员分工协作，逐篇阅读以上论文，记录其中有关审稿标准的内容，最后逐条进行甄别，汇总归并同类项。由于汉语表达的丰富性，同一种说法可以有多种表述，课题组归并相关表述，同时也在归并这些表述的类型。初次甄选合并确定有关审稿标准的条目见表 5-3。

表 5-3 初次甄选合并后的有关审稿标准的条目数（2011—2020 年）

序号	审稿标准	2011年	2012年	2013年	2014年	2015年	2016年	2017年	2018年	2019年	2020年
1	政治导向、思想倾向、伦理要求（社会观念、意识形态、价值标准）	3	5	7	9	7	16	11	4	8	1
2	创新性（包括选题、论据、论证、论点新颖）（新思路、新方法、新发现、新认识等）	8	15	21	28	21	55	26	28	29	16
3	学术价值、学术质量、学术水平	4	7	13	19	21	33	17	12	15	9
4	科学性、科学进步性、科学意义广泛	6	11	13	15	10	33	14	9	11	5
5	论证正确合理（方法恰当、逻辑严密、推导正确、思路清晰）	1	2	6	10	10	19	11	18	8	3
6	论据充分（概念准确、事例论据典型、数据资料准确）	1	1	4	7	3	10	3	10	6	0
7	实用性、实用价值、应用价值（可参考性和可借鉴性、实践指导意义，特指自然科学领域学术论文）	3	6	9	13	12	24	12	10	12	2
8	写作质量、水平（可读性、行文流畅/通畅/通顺、文字准确精当）	3	6	8	11	12	17	11	7	14	5

续表

序号	审稿标准	2011年	2012年	2013年	2014年	2015年	2016年	2017年	2018年	2019年	2020年
9	选题价值	1	0	1	3	2	6	5	2	5	2
10	结论（论点）合理、可靠	1	3	6	13	8	11	8	8	7	4
11	文章基本要素规范标准（标题准确精练、摘要简明扼要、关键词准确表达、图表公式必要合理、数字和计量单位使用规范、引证规范、注释和参考文献准确规范）	6	12	25	39	19	30	33	31	31	15
12	重要性（结论重要性、选题重要性）	5	3	2	4	2	3	4	5	2	3
13	先进性、前瞻性	3	6	8	6	10	16	12	13	8	10
14	真实性	2	4	5	5	2	5	4	1	5	6
15	准确性	3	2	4	4	6	4	4	3	5	6
16	文章结构科学合理	1	2	6	12	0	1	0	0	3	2
17	时效性	1	0	3	1	1	2	3	3	3	0
18	科研设计合理、实验科学	6	5	7	5	7	5	8	4	8	4
19	原创性、独创性、与已发表文字重合程度、有无抄袭	15	15	17	12	9	11	14	13	12	13
20	是否一稿多投	3	2	6	2	1	4	3	2	1	4

第二节　将相关表述收敛为评价采集指标

基于大数据阅读分析的论文评价意见采集机制是通过网上评分实现的，然后要对分数进行清洗、纠错、归一等处理。这就要求评价标准本身具有简明性，如果系统设定的评价标准太多，必然会影响学者阅读评分的积极性。而且以上搜集到的定性评价表述存在着交叉重叠问题，为了进一步聚焦这些搜集到的关于定性评价论文标准的表述，课题组邀请相关专家召开了第二次讨论会，就以上搜集到的标准的分类是否合理和进行更进一步的合并征求意见。经过专家的认真讨论，课题组汇集专家组的意见，将以上标准进一步整合。

一、对相关表述进行删减和合并

（一）相关表述删减

（1）将前18项审稿标准放在一起考虑，可以划分为两个层次，第一个层次是政治导向、学术水平、写作质量，这之下可以再分列细化的分项。在这个认识指导下，第3项"学术价值、学术质量、学术水平"是第一层次的整体性表述，可以在分项指标中删去。

（2）第17项"时效性"不是评价学术论文的必须标准，一篇论文发表后可以在以后任何时间被读者阅读，读者阅读时也会将它放在学术历史发展中进行考察。还有部分论文所指的"时效性"是指学术期刊编辑部从接收作者投稿到刊发的时滞性，实际操作中这个采集指标也很难使用，一是作者具体的投稿时间很难获得，只有少部分学术期刊标注了作者来稿时间；二是如果使用了这个采集指标，也会产生鼓励编辑片面求快、粗制滥造，打压编辑与作者交流往复、细致改稿的不良影响。综合以上考虑，删去这一项表述。

（3）第19项"原创性、独创性、与已发表文字重合程度、有无抄袭"中的"与已发表文字重合程度、有无抄袭"部分删去。有无抄袭一直是由学术期刊编辑部在刊发前进行查重来判断的，该工作也无法由阅读者完成。从务实的角度出发，该项评价还是按照既有模式，仍旧由刊发期刊负责，学术期刊编辑部失察也会被事后追责。当然，如果学术期刊大数据分析评价所依托的平台能够在阅读者评价时同时提供这一数据，就更为全面可靠了。

（4）第20项"是否一稿多投"，因为难以在实际评价中实现，所以删去。一是"一稿多投"并不是论文学术水平的考量指标，最多涉及作者的学术道德水平和个人学术操作的恰当性；二是作者是否真的"一稿多投"或到底是"一稿几投"难以确证，搜集和确认数据比较困难；三是部分"一稿多投"的情况也有无奈之处，作者总是得不到编辑部是否刊发的回音，自身又有迫切发表的心理需要和科研考核等的现实压力，只能多投一两本刊物以增加被刊发的概率和可能，这种做法虽然不值得提倡，但也是可以理解的。编辑部在刊发论文前一般都会与作者沟通，极少数稿件由于编辑与作者的沟通不畅或编辑流程失误导致的一稿多发，这种情况学术期刊编辑部也有责任。

（二）相关表述合并

结合专家意见，课题组对相关表述通盘考虑，进一步合并了以下分项。

（1）第5项"论证正确合理（方法恰当、逻辑严密、推导正确、思路清晰）"和第6项"论据充分（概念准确、事例论据典型、数据资料准确）"的形而上部分可以合并列入第4项"科学性、科学进步性、科学意义广泛"考量，第6项"论据充分（概念准确、事例论据典型、数据资料准确）"的形而下部分可以并入第8项"写作质量、水平（可读性、行文流畅/通畅/通顺、文字准确精当）"考量，并将相关表述分别列入被合并项。

(2)第9项"选题价值"可以合并到第12项"重要性（结论重要性、选题重要性）"中。

(3)第10项"结论（论点）合理、可靠"可以合并到第4项"科学性、科学进步性、科学意义广泛"考量，并将相关表述分别列入。

(4)第11项"文章基本要素规范标准（标题准确精练、摘要简明扼要、关键词准确表达、图表公式必要合理、数字和计量单位使用规范、引证规范、注释和参考文献准确规范）"可以并入第8项"写作质量、水平（可读性、行文流畅/通畅/通顺、文字准确精当）"，并将相关表述分别列入。

(5)第13项"先进性、前瞻性"可以并入第2项"创新性（包括选题、论据、论证、论点新颖）（新思路、新方法、新发现、新认识等）"。

(6)第14项"真实性"可以并入第4项"科学性、科学进步性、科学意义广泛"考量，并将相关表述分别列入。

(7)第15项"准确性"可以并入第4项"科学性、科学进步性、科学意义广泛"考量，并将相关表述分别列入。

(8)第16项"文章结构科学合理"可以并入第8项"写作质量、水平（可读性、行文流畅/通畅/通顺、文字准确精当）"，并将相关表述分别列入。

(9)第18项"科研设计合理、实验科学"主要是针对自然科学和社会科学领域的学术论文，可以合并列入第4项"科学性、科学进步性、科学意义广泛"考量，这样也可以兼顾人文领域的学术论文评价。

(10)第19项"原创性、独创性、与已发表文字重合程度、有无抄袭"中的"原创性、独创性"部分可以合并列入第2项"创新性（包括选题、论据、论证、论点新颖）（新思路、新方法、新发现、新认识等）"。

二、精炼相关表述

在对搜集到的关于学术论文评价的相关表述进行删减和合并后，还需要对保留下来的相关表述的文字表达进行精炼，以明确阅读者评分时的评价取向。其实这方面的工作在从论文中搜集有关评价文字表述阶段就已经在进行，因为汉语表达丰富多义，不简化就难以完成基本的搜集工作。在已简化的文字表述基础上继续精炼文字，为的是减轻阅读者评分时的困惑和误解，方便评价工作的顺畅进行。

（1）"政治导向、思想倾向、伦理要求（社会观念、意识形态、价值标准）"精炼为"意识形态导向：是否符合党的新闻出版政策和社会伦理道德等要求"。

（2）"创新性（包括选题、论据、论证、论点新颖）（新思路、新方法、新发现、新认识等）""原创性、独创性"，合并精炼为"创新性：新思路、新方法、新发现、新认识等"。

（3）"科学性、科学进步性、科学意义广泛"，"论证正确合理（方法恰当、逻辑严密、推导正确、思路清晰）"，"论据充分（概念准确、事例论据典型、数据资料准确）"的形而上部分，"结论（论点）合理、可靠"，"真实性"，"准确性"，"科研设计合理、实验科学"，合并精炼为"科学性：论点合理可靠、论据恰当充分、论证逻辑严密"。

需要特别指出的是，对于结论方面的评价，课题组将它分为两部分，一部分是通过论证或实验之后，结论是否合理可靠；另一部分是结论是否重要。我们常会看到这样的论文，经过一系列逻辑严密的论证之后，获得了一个人所共知的结论，但论证的科学性没有任何问题。考虑到这种情况，课题组把关于"结论合理可靠"的评价放入"科学性：论点合理可靠、论据恰当充分、论证逻辑严密"这一项，把关于"结论是否重要"的评价放入下一项"重要性：选题价值、结论重要性"。之所以要设置"重要性"这一项，就是考虑到"选题价值"和"结论重要性"不是一个是否科学的问题，而是一个重要性的问题。

（4）"重要性（结论重要性、选题重要性）"和"选题价值"合并后表述为"重要性：选题价值、结论重要性"。

需要特别指出的是，我们将"选题意义"或"选题价值"放置于"重要性：选题价值、结论重要性"中，是因为对于选题一般不讨论是否具有科学性，其科学性需要在具体论证中考察。

（5）"实用性、实用价值、应用价值（可参考性和可借鉴性、实践指导意义，特指自然科学领域学术论文）"精炼为："实用性/可借鉴性：对实践有指导意义（自然科学领域学术论文），有可参考性（人文社科领域学术论文）"。

（6）"写作质量、水平（可读性、行文流畅/通畅/通顺、文字准确精当）"，"论据充分（概念准确、事例论据典型、数据资料准确）"的形而下部分，"文章基本要素规范标准（标题准确精练、摘要简明扼要、关键词准确表达、图表公式必要合理、数字和计量单位使用规范、引证规范、注释和参考文献准确规范）"，"文章结构科学合理"，合并精炼为"写作质量：标题精练、摘要简明、关键词准确、图表合理、公式必要、引证规范、行文流畅、文字精当、结构合理、数字和计量单位符合标准"。把写作质量项下这十个方面再梳理，可以分为简明流畅要求（标题精练、摘要简明、关键词准确、行文流畅、文字精当等）、合理准确要求（结构合理、图表必要、公式精确等）和标准规范要求（引证规范、数字和计量单位符合标准等）。

三、论文评价指标的层次划分

通过对学术论文评价指标的整合，结合之前我们对评价指标的讨论，学术论文评价指标可以分为四个层级。第一个层级是意识形态导向、学术价值、写作质量。第二个层级，在意识形态导向项可以分为政治导向和社会伦理道德要求，在学术价值项可以分为学术水平和学术影响，在写作质量项可以分为简明流畅要求、合理准确要求和标准规范要求。第三个层级，在学术水平项可以分为创新性、科学性、重要性、实用性/可借鉴性。第四个层级，在科学性项可以分为论点合理可靠、论据恰当充分、论证逻辑严密，在重要性项可以分为选题价值和结论重要性（见图5-1）。

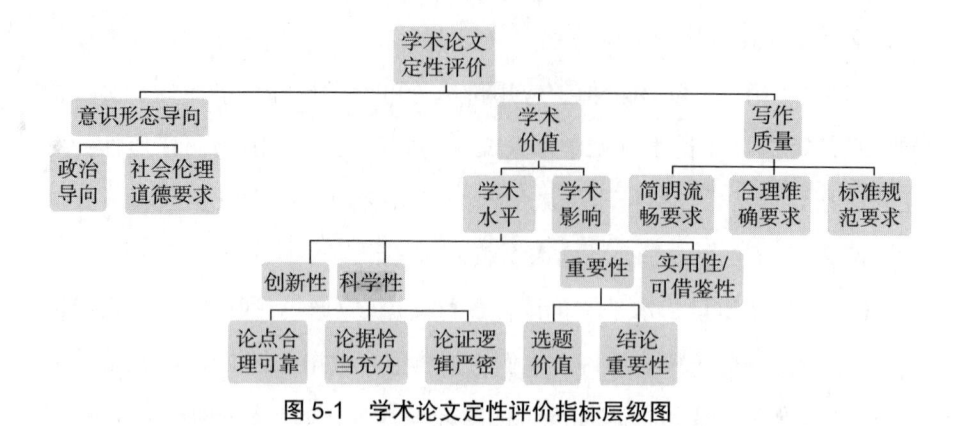

图 5-1　学术论文定性评价指标层级图

学术论文评价指标的层次划分使得以往被混为一谈、同一看待的各项指标有了归属划分，避免了在实际评价中的重复评价和交叉评价，也使得学术论文的定性评价有了科学性的依据，明晰了在评价中的模糊性地带。这种层次划分还可以再进行细化，但考虑到过于细化也失之琐碎，对实际评价工作的意义并不大，研究结果对实际评价的指导已经足够。

第六章　评价可信度加权机制设计

评价可信度加权机制对于保证基于大数据分析的学术期刊阅读分析的评价效果的有效性非常重要。由于不同读者在阅读偏好、评价态度、学术水平、主观认识等方面存在千差万别，对论文学术水平的感受也必然会有认知上的差异。如果我们简单地无差别对待这些评分，寄希望于完全依赖大数据同等分析，最终评价效果的合理性也会受到很大质疑。评价可信度是指评价系统内部认为的评价方做出的评价的可信程度，可以理解为对评价者的评价，或者是对评价意见的二次评价。类似的加权方法其实在关于评价环节合理性的学术探讨中早已有之，只是囿于难以在实际评价中具体实现而一直停留在研究层面。本系统的评价可信度加权机制分为初始评价可信度数据收集和动态评价可信度调整两部分。初始评价可信度是依据用户在系统注册时所提供的学术背景、研究业绩等信息进行的初始数据估测；动态评价可信度是根据用户历史评价痕迹对每位用户的评价可信度实施调整。

第一节　初始评价可信度测评指标设置

为了提高学术论文的评价效率，需要尽快收敛用户的评价权重K值。在阅读者注册登录时，系统需要根据阅读者的学历背景、研究状况和学术认知度进行简单测评,获得阅读者的初始评价可信度。虽然阅读者的评价可信度会随着历史评分痕迹调整,但最初的评价可信度需要基于阅读者已有的学术背景、学术研究认识建立。同时我们也要考虑到,初始评价可信度只是对阅读者的一个学术辨识度的估测,其实际评价可信度更多依赖于其阅读评分与学术共同体整体评价的偏离度实行的动态调整。在实际操作中,没有必要把初始评价可信度的估测设计得太复杂。一是不便于实际运行;二是实际上系统不可能也没必要对海量阅读者自己提交的学术背景、研究成绩进行一一核对。初始评价可信度测评的填报完全依靠阅读者自律。设立初始可信度的目的是使阅读者的评价可信度更快地趋近稳定,减轻完全靠积累评分的压力,节约系统和阅读者进入稳定状态的时间。即使个别阅读者填报的初始评价可信度数据与实际情况有所偏离,在下一步的动态调整中也会逐渐回归其应有的状态,只是回归需要阅读篇数的积累。

确定初始可信度估测的选项,我们可按照学术界通常对一个学者学术水平估测的角度将其分为教育背景、学术专业职称、项目研究情况、发表学术论文情况、出版学术著作情况、学术获奖情况等六项。之所以没有把"是否担任研究生导师情况"列入,是因为很多学者受所在高校和科研机构的学科建设总体情况所限,本学术单位没有相关的博士学位、硕士学位授权点,而且能否担任硕士生导师、博士生导师并不完全由阅读者自身学术水平和能力决定,甚至很多阅读者并不在高校、研究机构等学术单位工作,不具备申请担任研究生导师的条件。也就是说,用是否担任导师测评高校和科研院所尚存在问题,面向全社会就更不合适了。故此,课题组不将阅读者是否担任研究生导师作为测评其评价可信度的依据。

一、教育背景

学历虽然不能完全反映一个人的学术水平、学术眼光和研究能力,但学历毕竟是一个人的学术起步基础,标志着个人对本学科领域的熟悉程度和基本认识层次。课题组考虑到在高等教育中存在着同等学力申请硕士学位的设置，认为以阅读者获得的学位来定义其高等教育背景比较合适，据此将高等教育背景选项分为学士、硕士、博士三个层次。博士后不是学历教育，不需要专门列入。由于系统的初始评价可信度测评指标设置为六项，指标分布比较分散，六项都达到最高层次相对较难。课题组综合考量后，决定将博士层次设置为1分，硕士层次设置为0.9分，学士层次设置为0.8分，无学位层次设置为0.7分。

二、学术专业职称

一般来说，各学术单位对专业职称的评审在程序上都较为规范，需要严格评审环节和在规定时间内向社会公示；对评审项目内容也严格把控，要求参评者具有一定的学术积累，并达到一定的学术作品标准；再加上参评者竞争激烈，基本上是优中选优，激励大家在学术研究道路上不断努力。学术专业职称在一定意义上较能反映一个人的学术水平、学术眼光和研究能力，也标志着个人对本学科领域的熟悉程度和基本认识层次。课题组综合考量后，决定将正高职称层次设置为1分，副高职称层次设置为0.9分，中级职称层次设置为0.8分，初级职称层次设置为0.7分，无职称层次设置为0.6分。

三、项目研究情况

项目研究情况指的是阅读者主持、承担、完成相关科研项目的情况。科研项目根据科研经费来源不同，分为纵向项目、横向项目和境外合作项目三类。

（一）纵向项目

纵向项目是指由各级党政机关或企事业单位依据财政资金设置的研究性项目，主要分为国家级项目、省部级项目和纵向其他项目等。

（1）国家级项目一般指由国家自然科学基金委员会、全国哲学社会科学工作办公室（含艺术学、教育学、军事学三单列）、国家艺术基金委员会、科学技术部、军委装备发展部等单位面向全国发布的规划类、招标类、专项类项目。

教育部哲学社会科学研究重大攻关项目、教育部人文社科重点研究基地重大项目、科学技术部重点研发计划重点专项由于难度较大，等同认定为国家级项目。

（2）省部级项目一般指教育部、文化和旅游部、司法部、国家广播电视总局、国家体育总局等国家部委（国务院直属机构）的科研管理部门，中央军委联合参谋部、政治工作部、后勤保障部等各部的科研管理部门，省级人民政府的科研管理部门，以及省级艺术基金委公开发布的规划类、招标类、专项类（含特别委托）项目。

全国高校古籍整理项目、国家清史纂修工程项目、霍英东高等院校青年教师基金项目等认定为省部级科研项目。获得中国博士后科学基金特别资助和面上一等资助项目、入选中国博士后创新人才支持计划的可以认定为省部级项目。

（3）纵向其他项目是指除国家级项目、省部级项目之外的纵向项目。

（二）横向项目

横向项目指除纵向项目以外的由党政机关、企事业单位、研究机构等以市场方式委托相关单位、研究团队或个人，针对某项课题进行研究的非规划类项目。

（三）境外合作项目

境外合作项目是指由中国政府认可的境外合法政府、基金会、国际组织、民间组织机构资助的研究项目（中国港澳台地区资助的研究项目暂划为此类项目）。

以子课题负责人参与主持（承担）的国家级项目可以认定为省部级项目。以子课题负责人参与主持（承担）的省部级项目可以认定为纵向其他项目。

课题组综合考量后，决定将国家级项目设置为1分，省部级项目和以子课题负责人参与主持（承担）的国家级项目设置为0.9分，纵向其他项目、横向项目、境外合作项目设置为0.8分，无项目为0.7分。上限1分。

四、发表学术论文情况

（一）学术论文分类

学术论文一般包括公开发表的期刊学术论文、报纸学术论文、会议学术论文、集刊学术论文、论文集析出文献、科研报告、学位论文、专利文献、标准文献、电子资源（不包括电子专著、电子连续出版物、电子学位论文、电子专利）等。

综合考虑目前我国学术论文发表的普遍情况和验证的方便性，课题组认定期刊学术论文、报纸学术论文、会议学术论文、集刊学术论文、论文集析出文献这五种学术论文为系统统计目标。期刊学术论文和报纸学术论文是指在具有合法刊号并公开发行的连续性学术期刊上的学术研究栏目刊发的学术论文。期刊和报纸的增刊、内刊、内部发行物等登载的论文不作为学术期刊论文认定。中国大陆出版的期刊应具有CN号，港澳台及海外出版的期刊应具有ISSN号，学术集刊和论文集应具有ISBN号。

（二）学术论文级别的认定

从高校和科研机构对学术论文级别的普遍认定情况看，各科研单位会根据自身的学科建设水平有所侧重。比如，某高校把学术论文级别分为T（Top）顶级、A（Authoritative）权威、C（Core）核心、E（Extension）扩展四类。其中，T类论文主要指国内外顶级学术期刊上发表的学术论文。A类论文主要指国内外权威学术期刊上发表的学术论文。C类论文主要指CSSCI期刊论文、EI期刊论文等。E类论文主要指SSCI扩展版期刊论文、

EI会议论文等。SCI分区及影响因子以论文被检索当年科睿唯安的JCR（《期刊引证报告》，Journal Citation Reports）为依据，SSCI影响因子以论文被检索当年科睿唯安的期刊影响力数据为依据，国内期刊论文级别以南大版中文社会科学引文索引CSSCI当年的评价结果为依据。论文的刊物级别以其发表年度的刊物评价结果为准。

考虑到国内学术论文刊发的整体情况和简便易行原则，课题组将论文分为三类。第一类是A类论文，包括SCI、SSCI、ESCI、A&HCI、CSSCI及其扩展版、EI检索收录期刊发表的学术论文，SCI、SSCI、EI检索收录的会议论文，《求是》《人民日报》《光明日报》《经济日报》《人民论坛·理论前沿》上发表的学术论文，CSSCI收录的学术集刊论文；第二类是B类论文，指未入选A类，但被《中文核心期刊要目总览》收录的期刊刊发的论文；第三类是C类论文，指未入选A类、B类的期刊学术论文、报纸学术论文、会议学术论文、集刊学术论文、论文集析出文献。其实这就是学术共同体普遍认可也最易行的分类方法，A类就是常说的C刊论文，B类就是常说的核心期刊论文，C类就是普通论文。课题组综合考量后，决定将A类论文层次设置为0.5分/篇，B类论文层次设置为0.4分/篇，C类论文层次设置为0.2分/篇。上限1分，下限0.5分。

（三）作者贡献度划分

贡献度按照独著、第一作者、通讯作者、第二作者、第三作者等划分。如果精细计算，应该按照该论文总共有几位作者和作者本人在其中的位置确定作者的贡献度。

精细计算的方式适合高校和科研单位进行科研工作量考核。用作初始可信度填报选项，没有必要太细致烦琐。课题组基于工作简便，将贡献度简单划分为：独著为100%，第一作者、第一通讯作者均为60%，第二作者、第二通讯作者均为40%，第三作者为20%，第四作者为10%，第五作者为10%，第六作者及其后不计分数。

五、出版学术著作情况

（一）学术著作分类

学术著作包括公开出版的专著类、译著类、古籍整理类、编撰类、工具书类、汇编类等成果。

（1）专著类：独立或多人撰写的原创性学术著作，一般在10万字以上。

（2）译著类：翻译或编译的国外学术著作。

（3）古籍整理类：在版本、目录、点校、训诂、注释、补遗、古文翻译等方面有学术研究的著作。

（4）编撰类：编著、个人创作作品集；有一定学术见解，较多采用他人成果的作品。

（5）工具书类：有独立编撰体系，按一定体例编撰的专题类或综合类词典、百科全书、图集、年表、年鉴等。

（6）汇编类：按学术专题或学术会议结集出版的学术文集。

（7）其他类：宣传先进思想文化、普及社会科学知识的科普性读物等。

考虑到国内学术专著出版的整体情况和简便易行原则，课题组将学术著作分为三类。第一类是A类著作，单指学术专著；第二类是B类著作，指译著类、古籍整理类和编撰类著作；第三类是C类著作，指工具书类、汇编类和其他类著作。课题组综合考量后，决定将A类著作层次设置为1分/本，B类著作层次设置为0.8分/本，C类著作设置为0.6分/本。上限1分，下限0.5分。

（二）作者贡献度划分

和学术论文作者的贡献度划分一样，课题组将学术专著作者贡献度简单划分为：独著为100%，第一作者为60%，第二作者为40%，第三作者为20%，第四作者为10%，第五作者为10%，第六作者及其后不计分数。

六、学术获奖情况

（一）学术获奖的分类

学术获奖分为国家级奖、部级奖、省级奖、社会力量设立的科技奖、一级学会奖等。

（1）国家级奖：以中央（国务院）名义颁发的社科或科技优秀成果奖，如国家科技进步奖等，教育部高等学校科学研究优秀成果奖（人文社会科学）。

（2）部级奖：教育部高等学校科学研究优秀成果奖（科学技术）、国家社科基金项目优秀成果奖、全国教育科学优秀成果奖、以中央（国务院）部委名义颁发的科技进步奖和社科类优秀成果奖，如科学技术部、国家广播电视总局颁发的科研成果奖。教育部直接管理的霍英东基金会奖为部级奖。

（3）省级奖：以省、自治区、直辖市政府名义颁发的社科优秀成果奖、科技进步奖；全国性的各类基金奖经教育部认定后可视为省级奖，已经过认定的奖项有安子介国际贸易研究奖、浦山世界经济学优秀论文奖、思勉原创奖、张培刚发展经济学研究优秀成果奖、孙冶方经济科学奖、吴玉章奖、钱端升法学研究成果奖等。

（4）社会力量设立的科技奖：科学技术部根据《社会力量设立科学技术奖励管理办法》审定批准的社会力量设立的科技奖。

（5）一级学会奖：民政部登记注册的国家一级学会经有关部门批准设立的常规奖项。

（6）其他奖：除上述外的其他学术成果奖。

课题组综合考量后，决定将国家级奖层次设置为1分，部级奖、省级奖层次设置为0.9分，社会力量设立的科技奖层次设置为0.8分，一级学会奖层次设置为0.7分，其他奖设置为0.6分，没有获奖设置为0.5分。上限1

分，下限0.5分。

（二）获奖者贡献度划分

贡献度按照获奖者排序划分。课题组拟将获奖者贡献度简单划分为（从排名第一依次向后）：

（1）1人独立完成100%；

（2）2人完成60%，40%；

（3）3人完成50%，30%，20%；

（4）4人完成50%，30%，10%，10%；

（5）5人完成50%，20%，10%，10%，10%；

（6）第六人及其后不计分数。

第二节　评价可信度动态修正

设置初始评价可信度的目的是减少用户评价权重K值的收敛时间，对K值更为重要的是系统对其评价可信度的动态修正。系统根据用户提交的信息获得该用户的初始评价可信度后，用户的每一次评价行为都会在系统中留下评分痕迹。系统可结合用户历史累积的评价效果对其评价可信度进行修正，动态确立其评价权重，有效消减评分中出现的偏向。当评价人数、评价次数达到一定数量级，论文的系统分数将越来越难以撼动，这时的评价分数就可以看作系统为该论文给出的稳定评分。随着用户阅读论文数量的累积，标示其评价可信度的K值也越来越合理。常理上推测，阅读者会随着自身在专业领域内的学习研究和阅读大量学术论文后获得学术认识上的提高，其K值也会逐渐有所提升。但不排除会在一定范围内产生小的波动，也不排除长期搁置学业产生学术能力倒退，从而导致K值降低。

一、用户初始可信度

根据用户提交的学历、职称、项目研究、发表学术论文、出版专著、学术获奖六项基本情况，系统归一化处理后得到该用户的初始评价可信度，并建立用户评价可信度数据库，用户1、用户2、用户3……用户n的初始可信度为K_1、K_2、K_3……K_n。

二、评价可信度随历史评分痕迹调整

系统会将用户的研究方向作为论文推送的依据，用户也可自主选择其他专业领域的学术论文，并在阅读后按照系统设定的评价采集指标逐项打出分项分数，系统也会根据各分项采集指标的权重自动给出用户此次评分的基本分。设置的评价采集指标是用户在评分时的主要依据，给出基本分是为了让用户感受到此次评分总体上是否合适，用户在正式提交前可以再次修改各项。

基于大数据阅读分析的学术期刊质量评价流程包括获得用户初始评价可信度、采集论文评价指标数据、对评价数据的纠错清洗、加权分数的归一化处理、获得论文汇总评价分数、计算学术期刊指标数据等环节，并通过系统运算对评价者的可信度加权重新赋值。以某篇为例，见图6-1。

（1）用户阅读学术论文后，按照系统设定的评价采集指标逐项打出分项分数，将用户的评分进行纠错和清洗后，获得用户1的各项分类评价分数A_{1a}、B_{1a}、C_{1a}……，用户2的各项分类评价分数A_{2a}、B_{2a}、C_{2a}……，用户3的各项分类评价分数A_{3a}、B_{3a}、C_{3a}……，依次类推，用户n的各项分类评价分数A_{na}、B_{na}、C_{na}……。

（2）用户第一次评分时，系统使用初始评价可信度指标K_1、K_2……K_n对 A_{1a}、B_{1a}、C_{1a}……，A_{2a}、B_{2a}、C_{2a}……，A_{2a}、B_{2a}、C_{2a}……，A_{3a}、B_{3a}、C_{3a}……，及至A_{na}、B_{na}、C_{na}……进行加权处理，得到用户1的加权分类分数A'_{1a}、B'_{1a}、C'_{1a}……，用户2的加权分类分数A'_{2a}、B'_{2a}、C'_{2a}……，用户3

的加权分类分数 A'_{3a}、B'_{3a}、C'_{3a}……，依次类推用户 n 的加权分类分数 A'_{na}、B'_{na}、C'_{na}……（经过第一次评分以后，评价可信度改为系统计算获得的分类评价可信度，由各类评价可信度对本类别评分进行加权）；

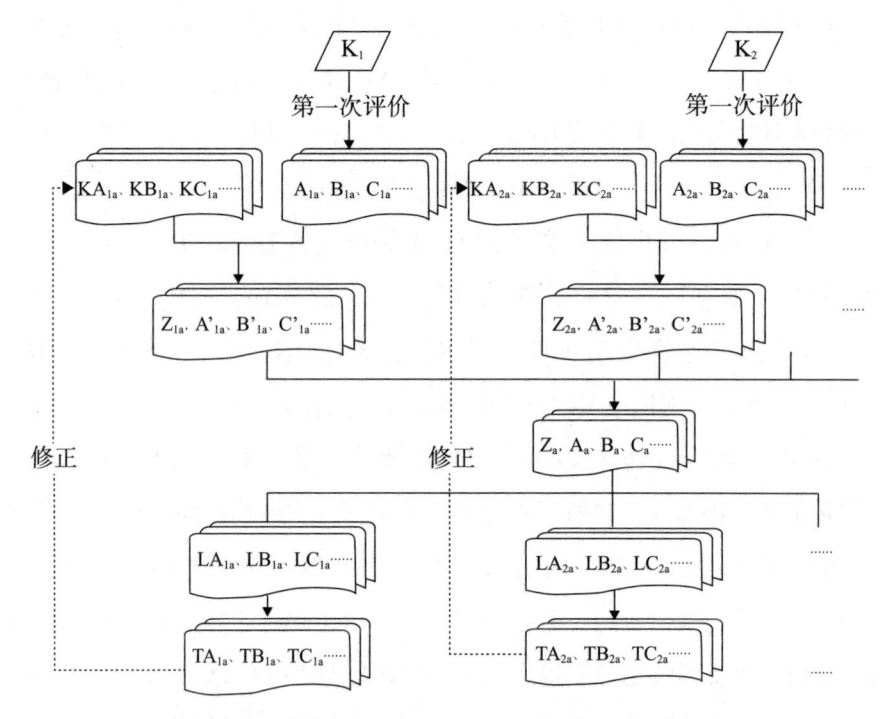

图 6-1 大数据阅读分析评价系统评价流程示意图

将各用户的加权分类分数按照权重占比归一化处理，获得各用户的本篇基本分 Z_{1a}、Z_{2a}、Z_{3a}……Z_{na}。

（3）要采集评价数据时，将各个用户的加权分类分数 A'_{1a}、A'_{2a}、A'_{3a}……A'_{na}，B'_{1a}、B'_{2a}、B'_{3a}……B'_{na}，C'_{1a}、C'_{2a}、C'_{3a}……C'_{na} 合并归一化处理，获得该篇论文的分类汇总分 A_a、B_a、C_a……；

将该篇论文的分类汇总分 A_a、B_a、C_a……按照权重占比归一化处理，获得该篇论文的基本分 Z_a。由于不断有其他用户在给该篇论文评分，该篇论文评价分数 Z 值会越来越趋于稳定，逐渐难以撼动。

（4）计算各用户的加权分类分数 A'_{1a}、B'_{1a}、C'_{1a}……，A'_{2a}、B'_{2a}、

C'$_{2a}$……，A$_{3a}$、B$_{3a}$、C$_{3a}$……，及至 A$_{na}$、B$_{na}$、C$_{na}$……与分类汇总分 A$_a$、B$_a$、C$_a$……的偏差，获得各用户分类评分偏离度 LA$_{1a}$、LB$_{1a}$、LC$_{1a}$……，LA$_{2a}$、LB$_{2a}$、LC$_{2a}$……，LA$_{3a}$、LB$_{3a}$、LC$_{3a}$……，及至 LA$_{na}$、LB$_{na}$、LC$_{na}$……。

（5）根据各用户分类评分偏离度 LA$_{1a}$、LB$_{1a}$、LC$_{1a}$……，LA$_{2a}$、LB$_{2a}$、LC$_{2a}$……，LA$_{3a}$、LB$_{3a}$、LC$_{3a}$……，及至 LA$_{na}$、LB$_{na}$、LC$_{na}$……，获得各用户的分类评价可信度修正值 TA$_{1a}$、TB$_{1a}$、TC$_{1a}$……，TA$_{2a}$、TB$_{2a}$、TC$_{2a}$……，TA$_{3a}$、TB$_{3a}$、TC$_{3a}$……，及至 TA$_{na}$、TB$_{na}$、TC$_{na}$……。

（6）根据各用户的分类评价可信度修正值 TA$_{1a}$、TB$_{1a}$、TC$_{1a}$……，TA$_{2a}$、TB$_{2a}$、TC$_{2a}$……，TA$_{3a}$、TB$_{3a}$、TC$_{3a}$……，及至 TA$_{na}$、TB$_{na}$、TC$_{na}$……，对各用户分类评价可信度赋值为 KA$_{1a}$、KB$_{1a}$、KC$_{1a}$……，KA$_{2a}$、KB$_{2a}$、KC$_{2a}$……，KA$_{3a}$、KB$_{3a}$、KC$_{3a}$……，及至 KA$_{na}$、KB$_{na}$、KC$_{na}$……。

各用户的分类评价度将进入用户评价下一篇论文的评价，并对各分类评价分数实施加权。之所以不在本篇论文评价中继续循环，是为了避免用户的评价可信度在多篇学术论文评价中不断循环，造成数据混乱。当该用户给下一篇论文评分时，系统立即计算该论文此时的分类汇总分和基本分，在此基础上继续运算获得用户的分类评分偏离度 LA$_a$、LB$_a$、LC$_a$……，分类评价可信度修正值 TA$_a$、TB$_a$、TC$_a$……，对用户分类评价可信度 KA$_{1a}$、KB$_{1a}$、KC$_{1a}$……进行修正。如此循环往复。

采集指定时间的论文的基本数 Z 值和分类汇总分 A、B、C……，即该论文的学术水平量度和创新性量度、科学性量度、重要性量度、实用性/可借鉴性分值；以此分值进入评价数据库，可按照评价目的对数据进行处理。

第七章 对学术论文大数据分析采集指标权重的调研

遴选后的大数据阅读分析评价的各项评价采集指标在评价系统中不可能同等表现，它们应该有不同的权重。权重的划分不能是凭空想象的，而应该是在广泛调查研究的基础之上，获得学术共同体普遍认识中各项采集指标在阅读者评价中所占的估测权重，以便在下一步进行的具体评价数据中按比重核算，最后实施归一化处理，实现被评价论文学术水平的可计量、可比较。

第一节 层次分析法介绍

考虑到本次调查统计的模糊性特征，系统最终的评分结果受到对论文评价的多个角度的因素影响，而且这些因素相互关联、相互制约，在征求数理统计学相关专家的意见后，大家认为最适合这种调研情况的是基于层次分析法的模糊综合评价模型。

层次分析法（The Analytic Hierarchy Process）是由美国运筹学家、匹兹堡大学的萨第（T. L. Saaty）教授提出的。层次分析法在决策问题的许多领域得到应用，同时其理论也得到不断深入和发展，每年都有很多层次分析法的相关论文发表。

一、层次分析法的基本原理

层次分析法的基本原理是依靠排序区分优劣等次。具体来说，首先是把所要研究解决的问题看成在多重因子作用下的系统，将系统所要考察的因子根据互相的等级和隶属关系排列，再邀请一定数量的调查人员两两比较各因子的重要程度。最后利用数理统计方法，对各因子分层排出秩序，获得分析研究结果。

二、层次分析法的具体实施步骤

（一）建立层次结构模型

基于对实际问题的认真分析，把相关各个因子从上到下分出层次。下一层的各个因子受到上一层的支配，同时又影响下一层的因子，同层的各因子之间要区分明显。如图7-1所示。

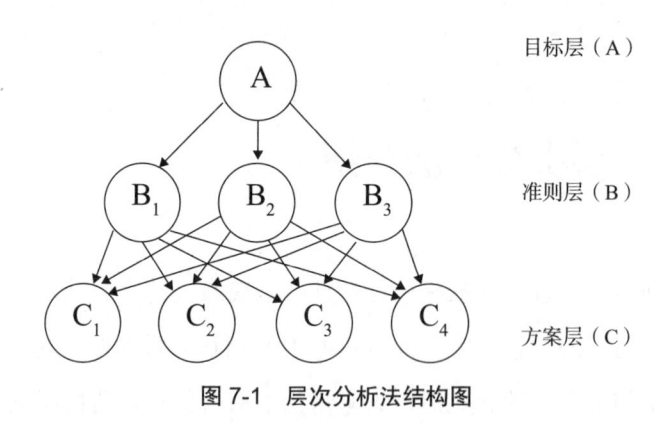

图 7-1 层次分析法结构图

（二）建立比较矩阵

从模型的第2层次起，将本层级的因子建立比较矩阵A，直到最下一层。

$$A = (a_{ij})_{n \times n}, a_{ij} > 0, a_{ij} = \frac{1}{a_{ji}}, \text{其中 } i,j = (1,2,\cdots,n)$$

矩阵 A 中，a_{ij} 指的是因子 i 与因子 j 对上一层因子的重要性之比，对于 a_{ij} 的值，课题组采用数字 1 至 5 及其倒数作为标度，见表 7-1。

表 7-1　5 标度尺度判断定义

标度	含义
1/5	因子 a 与因子 b 相比，a 非常不重要
1/3	因子 a 与因子 b 相比，a 比较不重要
1	因子 a 与因子 b 相比，同等重要
3	因子 a 与因子 b 相比，a 比较重要
5	因子 a 与因子 b 相比，a 非常重要

（三）获得权向量并做一致性检验

理想的比较矩阵就是典型的正互反矩阵。此外还应符合：

$$a_{ij} \cdot a_{jk} = a_{ik}, (1 \leqslant i, j, k < n)$$

在实际数学计算时，很难符合理想情况，可以允许矩阵有一定范围的不一致性，为此，设定了一个一致性检验指标 CI：

$$CI = \frac{\lambda_{\max}(A) - n}{n - 1}$$

$\lambda_{\max}$ 为矩阵 A 的最大特征值，一致阵中 $\lambda_{\max}=n$。其实质就是将矩阵与一致阵对比，得出两阵的相近度。当 $\lambda_{\max}$ 越趋向 n，CI 就越小，一致性就越好。n 越大，一致性就越差，为此又设计了特征值 RI，见表 7-2。

表 7-2　随机一致性指标 RI 的取值

阶数 n	1	2	3	4	5	6	7	8	9
RI	0	0	0.58	0.90	1.12	1.24	1.32	1.41	1.45

更普遍地应用 CR 作一致性指标：

$$CR = \frac{CI}{RI}$$

当 $CR<0.1$ 时，矩阵 A 具有一致性。之后把最大特征值对应的向量标准化，这个标准化后的向量就是权向量，表示每一要素对上层指标影响的程度大小。

（四）计算组合权向量并做组合一致性检验

以图 7-1 为例，假设 B_1、B_2、B_3 相对于 A 的排序权重为 b_1、b_2、b_3，C_1、C_2、C_3、C_4 相对于 B_j 的排序权重值分别为 C_{1j}、C_{2j}、C_{3j}、C_{4j}（j=1，2，3），那么 C 层各因素的总排序权重值为 $C_k = \sum_{j=1}^{3} C_{ij} b_j$（$k$=1，2，3，4）

对于总层次排序也需要进行一致性检验，一致性指标 CI 和 RI 分别为

$$CI = \sum_{j=1}^{3} CI_j b_j, RI = \sum_{j=1}^{3} RI_j b_j$$

其中，CI_j 是 C 对应于 b_j 的一致性检验指标，RI_j 是相应的平均随机一致性指标，则层次总排序随机一致性比值

$$CR = \sum_{j=1}^{3} CI_j b_j \bigg/ \sum_{j=1}^{3} RI_j b_j$$

当 $CR \leq 0.1$ 时，我们可以认为层次排序结果基本符合一致性条件，否则必须对判断矩阵加以调整，直到一致性检验合格为止[①]。

第二节 调研问卷的具体设计

一、关于层级设计和问卷内容安排的讨论

在第五章我们讨论过学术论文定性评价指标的层级。落实在调查问卷

[①] 赵保卿，李娜. 基于层次分析法的内部审计外包内容决策研究[J]. 审计与经济研究，2013（1）：37-45，69.

的设计上，为了获得各项采集指标在用户评价中的地位和权重，需要对层级设计和调查问卷的内容安排进行使用意义上的讨论。

（1）"意识形态导向"下分为"政治导向"和"社会伦理道德要求"。一方面，我们对论文的意识形态导向问题一般都是采用一票否决制；另一方面，正是由于"意识形态导向"的重要性，如果将"意识形态导向"列为调研项，会很大程度减少其他调研选项的区分度。综合考虑这两方面的因素，课题组认为没有必要将"意识形态导向"列为调查分析选项。

（2）"学术价值"下分为"学术水平"和"学术影响"。学术影响是学术论文发表一段时间以后，在学术界和社会上的被认可程度，这种认可程度不可能在用户阅读中获得，也就没有必要将"学术影响"项放入调查问卷。

（3）"写作质量"包含的内容很多，包括简明流畅要求（标题精练、摘要简明、关键词准确、行文流畅、文字精当等）、合理准确要求（结构合理、图表必要、公式精确等）和标准规范要求（引证规范、数字和计量单位符合标准等）。在实际评价中，不可能也没必要对特别强调学术性的学术论文进行如此细化的评价，由阅读者根据总体感觉把握更为合适，因此也就没有必要对其下分选项的评价进行调研。

（4）"创新性"指的是"新思路、新方法、新发现、新认识等"。"新思路""新方法""新发现""新认识"在含义上互有重复，这么表述是为了尽量覆盖"创新性"的内涵。受个人对专业领域学术前沿把握程度所限，每位阅读者对于"新"的程度的认识也会有所差别。这样说来，也就没必要在"创新性"下再设更低一级的划分了。

（5）"科学性"的释义可以下分为三个分项："论点合理可靠""论据恰当充分""论证逻辑严密"。我们在第五章专门讨论过，之所以没把"选题意义"或"选题价值"纳入"科学性"这项内容，是因为"选题意义"或"选题价值"不属于"科学性"范畴，而是属于"重要性"范畴。

（6）"重要性"的释义可以下分为两个分项："选题价值""结论重要性"。我们在第五章专门讨论过，对于结论方面的评价，课题组将之分为两个方面，一方面是通过论证或实验之后，结论是否合理可靠；另一方面是结论是否重要。我们把关于"结论合理可靠"的评价放到了"科学性：论点合理可靠、论据恰当充分、论证逻辑严密"这一项中，而把关于"结论是否重要"的评价放到了"重要性：选题价值、结论重要性"中。

（7）"实用性/可借鉴性"本身包含着对自然科学和人文社科两个领域学术论文的指导意义和可参考性，但对特定的某一篇论文没有指称歧义，不需要再下分选项。

二、调研问卷内容的层级安排

通过以上讨论，我们把不需要调研和不需要下分的选项删去，将指标层级简化为图7-2。

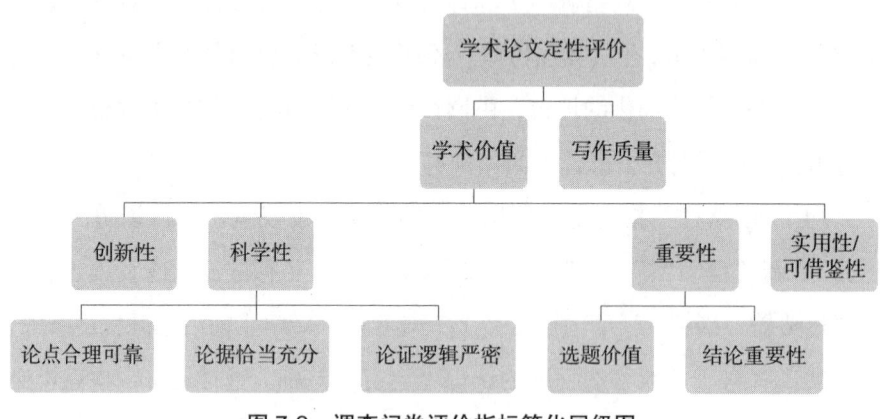

图7-2 调查问卷评价指标简化层级图

按照层次分析法的结构，把图7-2中的评价指向重新定义，我们构造了学术论文评价的层次结构，见图7-3。

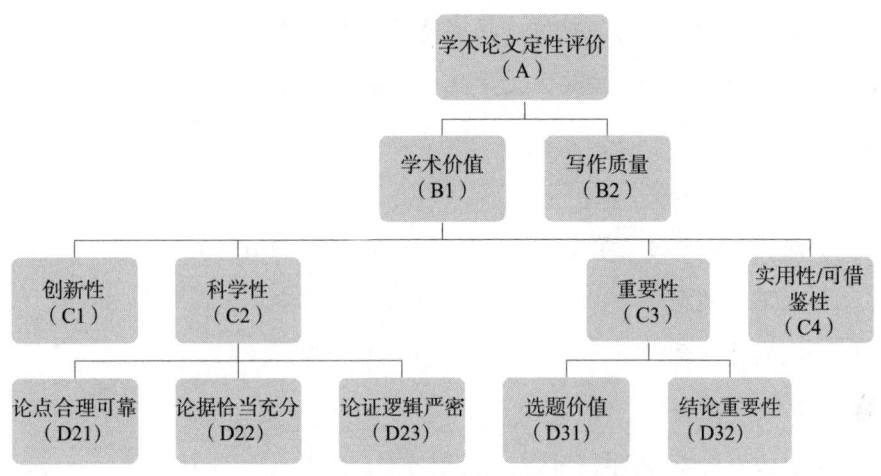

```
                    学术论文定性评价
                         (A)
                    ┌─────┴─────┐
                  学术价值      写作质量
                   (B1)        (B2)
         ┌──────┬──┴──────┐          │
       创新性  科学性    重要性    实用性/可借
       (C1)   (C2)     (C3)       鉴性
                                  (C4)
       ┌──────┼──────┐    ┌──────┐
    论点合理可靠 论据恰当充分 论证逻辑严密 选题价值 结论重要性
      (D21)   (D22)   (D23)  (D31)  (D32)
```

图 7-3　调查问卷评价指标重新定义层级图

三、调查问卷设计

按照图 7-3，我们将以上评价指向按照层次分析法的实施流程，设计出以下问卷。

学术期刊质量评价指标调查问卷

尊敬的受访者：

您好！我们是国家社会科学基金一般项目"基于大数据分析的学术期刊质量评价体系研究"调研组，非常感谢您抽出宝贵时间参与此次调查。问卷题目均为客观题，只需在相应选项上打钩即可。所获数据只为统计分析使用。

概念释义：

①创新性——新思路、新方法、新发现、新认识等。

②科学性——论点合理可靠、论据恰当充分、论证逻辑严密。

③重要性——选题价值、结论重要性。

④实用性/可借鉴性——对实践有指导意义（自然科学论文），有可参考性（人文社科论文）。

⑤写作质量——标题精练、摘要简明、关键词准确、图表合理、公式必要、引证规范、行文流畅、文字精当、结构合理、数字和计量单位符合标准。

1.您所在单位是_____。

2.您认为论文的"学术价值"和"写作质量"相比（　　）。

  A.非常不重要　　　　　　B.比较不重要

  C.同等重要　　　　　　　D.比较重要

  E.非常重要

3.您认为论文的"创新性"和"科学性"相比（　　）。

  A.非常不重要　　　　　　B.比较不重要

  C.同等重要　　　　　　　D.比较重要

  E.非常重要

4.您认为论文的"创新性"和"重要性"相比（　　）。

  A.非常不重要　　　　　　B.比较不重要

  C.同等重要　　　　　　　D.比较重要

  E.非常重要

5.您认为论文的"创新性"和"实用性/可借鉴性"相比（　　）。

  A.非常不重要　　　　　　B.比较不重要

  C.同等重要　　　　　　　D.比较重要

  E.非常重要

6.您认为论文的"科学性"和"重要性"相比（　　）。

  A.非常不重要　　　　　　B.比较不重要

  C.同等重要　　　　　　　D.比较重要

  E.非常重要

7.您认为论文的"科学性"和"实用性/可借鉴性"相比（　　）。

  A.非常不重要　　　　　　B.比较不重要

  C.同等重要　　　　　　　D.比较重要

E. 非常重要

8. 您认为论文的"重要性"和"实用性/可借鉴性"相比（　　）。

　　A. 非常不重要　　　　　　B. 比较不重要

　　C. 同等重要　　　　　　　D. 比较重要

　　E. 非常重要

9. 您认为论文的"论点合理可靠"和"论据恰当充分"相比（　　）。

　　A. 非常不重要　　　　　　B. 比较不重要

　　C. 同等重要　　　　　　　D. 比较重要

　　E. 非常重要

10. 您认为论文的"论点合理可靠"和"论证逻辑严密"相比（　　）。

　　A. 非常不重要　　　　　　B. 比较不重要

　　C. 同等重要　　　　　　　D. 比较重要

　　E. 非常重要

11. 您认为论文的"论据恰当充分"和"论证逻辑严密"相比（　　）。

　　A. 非常不重要　　　　　　B. 比较不重要

　　C. 同等重要　　　　　　　D. 比较重要

　　E. 非常重要

12. 您认为论文的"选题价值"和"结论重要性"相比（　　）。

　　A. 非常不重要　　　　　　B. 比较不重要

　　C. 同等重要　　　　　　　D. 比较重要

　　E. 非常重要

谢谢您！

第三节　调研对象的遴选

学术期刊是传播科学知识的主要媒介，同时也是学术共同体学习和交流学术研究成果的重要平台。学术期刊的编辑群体由于工作岗位要求，主要的工作对象就是学术论文，日常承担着大量的审稿、改稿、发稿任务。他们对某一篇论文学术质量的评价也许比不上该学科领域的知名专家学者，但对于论文的评价指标权重分配的讨论却是学术共同体中最有发言权的。特别是优秀学术期刊的编辑，由于日常审看和加工的都是领域内的优秀稿件，与领域内的优秀作者群体交往甚密，更是学术期刊编辑群体中的理想被调查样本群体。基于这种认识，课题组征求了专家组的意见，决定将调研范围框定在这些优秀学术期刊的编辑群体中。

一、调研期刊依据的类目范围

由于课题所涉及的学术期刊覆盖全部学科门类，被调研人群对象也必须兼顾各学科的学术期刊。目前已有的学术期刊评价系统，兼顾全部学科的有北京地区高等院校图书馆期刊工作研究会和北京大学图书馆的《中文核心期刊要目总览》、中国知网的《中国学术期刊影响因子年报》、中国科学技术信息研究所情报方法研究中心与北京万方数据股份有限公司联合编制的《中国科技期刊引证报告》，《中国学术期刊影响因子年报》《中国科技期刊引证报告》只提供各期刊的相关统计数据，并不从中遴选核心期刊，无法依据报告进行相关的调研采集，课题组由此决定采用《中文核心期刊要目总览》的遴选结果开展调研。

二、调研期刊分类和调研比例

《中文核心期刊要目总览》1992年版选出2157种核心期刊，数量明显偏多。以后各版，核心期刊评价方法不断改进，筛选出来的核心期刊数量一直维持在我国正式出版期刊总数的20%左右，这既与文献计量学的"集中与分散"理论相符合，也与我国近年来期刊出版稳步发展的趋势相一致，合理性程度较高。课题开展调研时，正逢《中文核心期刊要目总览》2020年版发布。《中文核心期刊要目总览》2020年版遴选时，我国正式出版的中文期刊数为9838种，从中遴选出1990种，占比20.2%。全书共载有74个学科的核心期刊表，按《中国图书馆分类法》（第五版）类目分为七编：第一编，哲学、社会学、政治、法律；第二编，经济；第三编，文化、教育、历史；第四编，自然科学；第五编，医药、卫生；第六编，农业科学；第七编，工业技术。根据调研难度和时间安排，经专家组讨论决定，课题组分学科10:1抽样。考虑到相近学科的学术研究共通性较高，考察所属学科核心期刊的数量时可以酌情将相近学科归并，这样便于统计。归并之后的核心期刊数量采用四舍五入原则确定提取样本数量。

在确定好各个分科所要提取的样本数量后，我们按照联络难易程度选择调研哪家期刊。调研工作最难的环节就是联系编辑部，并不是每个编辑部都愿意配合。我们只能挨家联系，直至达到各分科需要的样本期刊数。往往是在备选期刊中查找到编辑部的联系方式后，多次打电话终于联系上了，可最终编辑部不愿意填表，只得再去联系该分科的其他刊物。哪家期刊被调研，表面上看似乎是课题组的主观选择，但实际上选择权并不在课题组，而在于学术期刊编辑部的被调查意愿。在调研中碰钉子是常事，好在样本数量最终达到了起初的调研标准。

具体提取的样本期刊数可见表7-3—表7-9。

表7-3 第一编，哲学、社会学、政治、法律类目提取样本期刊数

核心期刊类目	核心期刊数	提取样本期刊数
A/K，Z 综合性人文、社会科学类	121	12
B（除B9，B84）哲学（除心理学）类	9	1
B84 心理学类	6	1
B9 宗教类	6	1
C8 统计学类	4	1
C91 社会学类	6	
C92 人口学类	6	1
C93 管理学类	6	
C96 人才学类	1	
C95 民族学类	15	2
D0，D2，D4，D6（除D035.3，D631）中国政治（除公安工作）类	46	5
D035.3，D631 公安管理类	1	
D1，D3，D5，D7，D8 国际政治类	22	2
D9 法律类	28	3
合计	277	29

表7-4 第二编，经济类目提取样本期刊数

核心期刊类目	核心期刊数	提取样本期刊数
F 综合性经济科学类	26	3
F0，F12，F2（除F23，F27）经济学，中国经济，经济管理（除会计，企业经济）类	30	3
F1（除F12）世界经济类	9	1
F23（除F239）会计（除审计）类	7	1
F239 审计类	3	
F3 农业经济类	17	2

续表

核心期刊类目	核心期刊数	提取样本期刊数
F4/F6（除F59），F27 工业经济/邮电通信经济（除旅游经济），企业经济类	16	2
F59 旅游经济类	2	
F7 贸易经济类	16	2
F81 财政、国家财政类	10	1
F82/F84 货币，金融、银行、保险类	20	2
合计	156	17

表 7-5　第三编，文化、教育、历史类目提取样本期刊数

核心期刊类目	核心期刊数	提取样本期刊数
G0/G21 文化理论/新闻事业类	11	1
G22 广播、电视事业类	2	
G23 出版事业类	11	1
G26 博物馆事业类	1	2
G25 图书馆事业、信息事业类	18	
G27 档案事业类	7	1
G3 科学、科学研究类	7	1
G4（除G43）/G5，G65 教育学/教育事业，师范教育、教师教育（除电化教育）类	24	3
G43 电化教育类	5	
G61 学前教学、幼儿教育类	1	1
G62/G63（除G623，G633）初等教育/中等教育（除各科教育）类	10	
G623.1，G633.2 初等教育，中等教育（政治）类	2	2
G623.2，G633.3 初等教育，中等教育（语文）类	2	
G623.3，G633.4 初等教育，中等教育（外语）类	2	

131

续表

核心期刊类目	核心期刊数	提取样本期刊数
G623.41，G633.51 初等教育，中等教育（历史）类	1	
G623.45，G633.55 初等教育，中等教育（地理）类	1	
G623.5，G633.6 初等教育，中等教育（数学）类	2	
G633.7 初等教育（物理）类	2	
G633.8 中等教育（化学）类	2	
G633.91 中等教育（生物）类	1	
G64 高等教育类	19	2
G71/G79 职业技术教育/自学类	7	1
G8 体育类	16	2
H（除H3/H9）语言学，汉语，中国少数民族语言类	17	2
H3/H9 外国语言类	15	2
I（除I21/I29）文学（除中国文学作品）类	27	3
I21/I29 中国文学作品类	15	*
J（除J2/J9）艺术（除绘画/电影、电视艺术）类	2	4
J2，J3，J5 绘画，雕塑，工艺美术类	8	
J6 音乐类	10	
J7 舞蹈类	1	
J8 戏剧、曲艺、杂技艺术类	6	
J9 电影、电视艺术类	8	
K（除K207.8，K85，K9）历史（除中国学、汉学和文物考古）类	22	2
K207.8 中国学、汉学类	3	2
K85 文物考古类	18	
合计	306	32

* 选入的是《人民文学》《当代》《收获》《十月》《小说月报》等刊物，由于不属于学术研究范畴，所以不对其进行调研。

表7-6　第四编，自然科学类目提取样本期刊数

核心期刊类目	核心期刊数	提取样本期刊数
N/X 综合性科学技术类	119	12
N 自然科学总论类	17	2
O1 数学类	14	1
O3 力学类	13	1
O4 物理学类	19	2
O6，O7 化学，晶体学类	23	2
P1 天文学类	2	1
P2 测绘学类	9	
P3 地球物理学类	11	1
P4 大气科学（气象学）类	10	1
P5 地质学类	33	3
P7 海洋学类	15	2
K9，P9 地理学类	20	2
Q（除Q94/Q98）生物科学（除植物学/人类学）类	21	2
Q94 植物学类	10	1
Q95/Q98 动物学/人类学类	8	1
合计	344	34

表7-7　第五编，医药、卫生类目提取样本期刊数

核心期刊类目	核心期刊数	提取样本期刊数
R（除R-0，R-4）综合性医药卫生（除一般理论，教育与普及）类	31	3
R-0，R-4 一般理论，教育与普及类	3	
R1 预防医学、卫生学类	28	3
R2 中国医学类	18	2
R3 基础医学类	23	2

续表

核心期刊类目	核心期刊数	提取样本期刊数
R4 临床医学类	26	3
R5 内科学类	24	2
R6 外科学类	29	3
R71 妇产科学类	6	1
R72 儿科学类	7	1
R73 肿瘤学类	10	1
R74 神经病学与精神病学类	9	1
R75 皮肤病学与性病学类	3	1
R76 耳鼻咽喉科学类	4	
R77 眼科学类	5	1
R78 口腔科学类	5	
R8 特种医学类	12	1
R9 药学类	15	2
合计	258	27

表 7-8　第六编，农业科学类目提取样本期刊数

核心期刊类目	核心期刊数	提取样本期刊数
S 综合性农业科学类	31	3
S1 农业基础科学类	11	1
S2 农业工程类	7	1
S3，S5 农学（农艺学），农作物类	15	2
S4 植物保护类	9	1
S6 园艺类	10	1
S7 林业类	16	2
S8（除 S812）畜牧、动物医学、狩猎、蚕、蜂（除草地学、草原学）类	18	2

续表

核心期刊类目	核心期刊数	提取样本期刊数
S812 草地学、草原学类	4	
S9 水产、渔业类	12	1
合计	133	14

表 7-9　第七编，工业技术类目提取样本期刊数

核心期刊类目	核心期刊数	提取样本期刊数
TB1，TB2 工程基础科学，工程设计与测绘类	2	2
TB3 工程材料学类	9	
TB4 工业通用技术与设备类	1	
TB5 声学工程类	3	
TB6 制冷工程类	2	
TB7 真空技术类	1	
TB9 计量学类	2	
TD（除 TD82）矿业工程（除煤炭开采）类	11	1
TD82 煤炭开采类	8	1
TE 石油、天然气工业类	32	3
TF 冶金工业类	22	2
TG1/TG4 金属学与热处理／焊接、金属切割及金属粘接类	22	2
TG5/TG9 金属切削加工及机床／钳工工艺与装配工艺类	2	
TH 机械、仪表工业类	30	3
TJ 武器工业类	16	2
TK 能源与动力工程类	13	1
TL 原子能技术类	8	1
TM 电工技术类	29	3

续表

核心期刊类目	核心期刊数	提取样本期刊数
TN 电子技术、通信技术类	44	4
TP（除 TP393、TP309）自动化技术、计算机技术（除计算机网络、安全保密）类	32	3
TP393，TP309 计算机网络、安全保密类	1	
TQ（除 TQ11/TQ9）化学工业（除基本无机化学工业/其他化学工业）类	16	2
TQ11/TQ17 基本无机化学工业/硅酸盐工业类	10	1
TQ2/TQ3 基本有机化学工业/精细与专用化学品工业类	11	1
TQ41/TQ9 其他化学工业类	6	1
TS 综合性轻工业、手工业、生活服务业类	1	1
TS1 纺织工业、染整工业类	9	
TS2 食品工业类	20	2
TS3，TS91/TS97 其他轻工业、手工业/生活服务技术类	2	1
TS4 烟草工业类	3	
TS5 皮革工业类	1	
TS6 木材加工工业、家具制造工业类	3	
TS7 造纸工业类	2	
TS8 印刷工业类	1	
TU 建筑科学类	32	3
TV 水利工程类	16	2
U（除 U2/U6）综合运输类	4	2
U2 铁路运输类	12	
U4 公路运输类	10	1
U6 水路运输类	10	1

续表

核心期刊类目	核心期刊数	提取样本期刊数
V 航空、航天类	23	2
X（除 X9）环境科学类	28	3
X9 安全科学类	6	1
合计	516	52

第四节　调研结果分析

按照2020年版《中文核心期刊要目总览》的分类方法，依据分类调研的数据，对各层次评价指标在人文社科、自然科学、医药卫生、农业科学、工业技术这五大类学术论文的权重分别进行计算，以提高对各专业领域学术论文评价的精准度。同时也考虑到在具体评价实践中为了提高效率或者兼容交叉学科领域的学术论文，可能需要忽略论文的学术方向，为此我们也计算了各层次评价指标在不分专业领域情况下的权重。

本次调研的调查对象为各领域期刊编辑，共回收有效问卷205份。其中，人文社科所占比例最大，为38.0%，其次是工业技术，为25.4%，之后依次为自然科学16.6%，医药卫生13.2%，农业科学6.8%，见表7-10。

表 7-10　调查学术期刊领域分布

学术类目	被调研学术期刊数	所占比例
人文社科	78	38.0%
自然科学	34	16.6%
医药卫生	27	13.2%
农业科学	14	6.8%
工业技术	52	25.4%

调研的学术期刊刊名以"学报"为主，刊名词云图如图7-4所示。

图7-4 调研期刊刊名词云图

一、定性评价指标分层次权重分布

（一）人文社科领域

1.学术价值、写作质量的权重计算

根据标度和调研统计数据求加权平均数。

学术价值与写作质量相比：

$$\frac{1\times\frac{1}{5}+0\times\frac{1}{3}+25\times1+25\times3+27\times5}{78}=3.015$$

表7-11 学术价值、写作质量成对比较数据表（人文社科领域）

	学术价值	写作质量
学术价值	1	3.015
写作质量	0.332	1

将表7-11写成矩阵为：

$$A = \begin{bmatrix} 1 & 3.015 \\ 0.332 & 1 \end{bmatrix}$$

经过Matlab计算该矩阵的最大特征值为λ=2，具有完全一致性。

所对应的特征向量：$y = \begin{bmatrix} 0.949 \\ 0.315 \end{bmatrix}$，特征向量归一化：$\omega = \begin{bmatrix} 0.751 \\ 0.249 \end{bmatrix}$

因此，学术价值和写作质量的权重分别为0.751、0.249。

2.创新性、科学性、重要性、实用性/可借鉴性的权重计算

根据标度和调研统计数据求加权平均数。

创新性与科学性相比：

$$\frac{1 \times \frac{1}{5} + 1 \times \frac{1}{3} + 45 \times 1 + 14 \times 3 + 17 \times 5}{78} = 2.212$$

创新性与重要性相比：

$$\frac{1 \times \frac{1}{5} + 2 \times \frac{1}{3} + 37 \times 1 + 16 \times 3 + 22 \times 5}{78} = 2.511$$

创新性与实用性/可借鉴性相比：

$$\frac{1 \times \frac{1}{5} + 4 \times \frac{1}{3} + 28 \times 1 + 21 \times 3 + 24 \times 5}{78} = 2.725$$

科学性与重要性相比：

$$\frac{1 \times \frac{1}{5} + 2 \times \frac{1}{3} + 30 \times 1 + 24 \times 3 + 21 \times 5}{78} = 2.665$$

科学性与实用性/可借鉴性相比：

$$\frac{0 \times \frac{1}{5} + 2 \times \frac{1}{3} + 27 \times 1 + 28 \times 3 + 21 \times 5}{78} = 2.778$$

重要性与实用性/可借鉴性相比：

$$\frac{0\times\frac{1}{5}+8\times\frac{1}{3}+41\times1+18\times3+11\times5}{78}=1.957$$

表 7-12 创新性、科学性、重要性、实用性/可借鉴性成对比较数据表（人文社科领域）

	创新性	科学性	重要性	实用性/可借鉴性
创新性	1	2.212	2.511	2.725
科学性	0.452	1	2.665	2.778
重要性	0.398	0.375	1	1.957
实用性/可借鉴性	0.367	0.360	0.511	1

将表7-12写成矩阵为：

$$B=\begin{bmatrix} 1 & 2.212 & 2.511 & 2.725 \\ 0.452 & 1 & 2.665 & 2.778 \\ 0.398 & 0.375 & 1 & 1.957 \\ 0.367 & 0.360 & 0.511 & 1 \end{bmatrix}$$

经过Matlab计算该矩阵的最大特征值为$\lambda=4.135$。

所对应的特征向量：$y=\begin{bmatrix} 0.774 \\ 0.529 \\ 0.285 \\ 0.198 \end{bmatrix}$，特征向量归一化：$\omega=\begin{bmatrix} 0.433 \\ 0.296 \\ 0.160 \\ 0.111 \end{bmatrix}$

$$CI=\frac{4.135-4}{4-1}=0.045$$
$$RI=0.89$$
$$CR=\frac{0.045}{0.89}=0.051<0.1$$

通过一致性检验。

因此，创新性、科学性、重要性、实用性/可借鉴性的权重分别为0.433、0.296、0.160、0.111。

3.论点合理可靠、论据恰当充分、论证逻辑严密的权重计算

根据标度和调研统计数据求加权平均数。

论点合理可靠与论据恰当充分相比：

$$\frac{0\times\frac{1}{5}+1\times\frac{1}{3}+51\times1+18\times3+8\times5}{78}=1.863$$

论点合理可靠与论证逻辑严密相比：

$$\frac{1\times\frac{1}{5}+3\times\frac{1}{3}+53\times1+16\times3+5\times5}{78}=1.631$$

论据恰当充分与论证逻辑严密相比：

$$\frac{1\times\frac{1}{5}+4\times\frac{1}{3}+59\times1+8\times3+6\times5}{78}=1.468$$

表 7-13 论点合理可靠、论据恰当充分、论证逻辑严密成对比较数据表（人文社科领域）

	论点合理可靠	论据恰当充分	论证逻辑严密
论点合理可靠	1	1.863	1.631
论据恰当充分	0.537	1	1.468
论证逻辑严密	0.613	0.681	1

将表 7-13 写成矩阵为：

$$C=\begin{bmatrix}1 & 1.863 & 1.631\\0.537 & 1 & 1.468\\0.613 & 0.681 & 1\end{bmatrix}$$

经过 Matlab 计算该矩阵的最大特征值为 $\lambda=3.030$。

所对应的特征向量：$y=\begin{bmatrix}0.773\\0.493\\0.399\end{bmatrix}$，特征向量归一化：$\omega=\begin{bmatrix}0.464\\0.296\\0.240\end{bmatrix}$

$$CI=\frac{3.030-3}{3-1}=0.015$$
$$RI=0.58$$
$$CR=\frac{0.015}{0.58}=0.026<0.1$$

通过一致性检验。

因此,论点合理可靠、论据恰当充分、论证逻辑严密的权重分别为 0.464、0.296、0.240。

4.选题价值、结论重要性的权重计算

根据标度和调研统计数据求加权平均数。

选题价值与结论重要性相比:

$$\frac{0\times\frac{1}{5}+5\times\frac{1}{3}+38\times1+19\times3+16\times5}{78}=2.265$$

表 7-14 选题价值、结论重要性成对比较数据表（人文社科领域）

	选题价值	结论重要性
选题价值	1	2.265
结论重要性	0.442	1

将表 7-14 写成矩阵为:

$$C_3=\begin{bmatrix}1 & 2.265\\ 0.442 & 1\end{bmatrix}$$

经过 Matlab 计算该矩阵的最大特征值为 $\lambda=2$。

所对应的特征向量: $y=\begin{bmatrix}0.915\\ 0.404\end{bmatrix}$,特征向量归一化: $\omega=\begin{bmatrix}0.694\\ 0.306\end{bmatrix}$

$$CI=\frac{2-2}{2-1}=0$$

有完全的一致性。

因此,选题价值、结论重要性的权重分别为 0.694、0.306。

（二）自然科学领域

1.学术价值、写作质量的权重计算

根据标度和调研统计数据求加权平均数。

学术价值与写作质量相比:

$$\frac{0 \times \frac{1}{5} + 0 \times \frac{1}{3} + 11 \times 1 + 11 \times 3 + 12 \times 5}{34} = 3.059$$

表 7-15　学术价值、写作质量成对比较数据表（自然科学领域）

	学术价值	写作质量
学术价值	1	3.059
写作质量	0.327	1

将表 7-15 写成矩阵为：

$$A = \begin{bmatrix} 1 & 3.059 \\ 0.327 & 1 \end{bmatrix}$$

经过 Matlab 计算该矩阵的最大特征值为 $\lambda = 2$，具有完全一致性。

所对应的特征向量：$y = \begin{bmatrix} 0.951 \\ 0.311 \end{bmatrix}$，特征向量归一化：$\omega = \begin{bmatrix} 0.754 \\ 0.246 \end{bmatrix}$

因此，学术价值和写作质量的权重分别为 0.754、0.246。

2. 创新性、科学性、重要性、实用性/可借鉴性的权重计算

根据标度和调研统计数据求加权平均数。

创新性与科学性相比：

$$\frac{0 \times \frac{1}{5} + 1 \times \frac{1}{3} + 23 \times 1 + 5 \times 3 + 5 \times 5}{34} = 1.863$$

创新性与重要性相比：

$$\frac{0 \times \frac{1}{5} + 1 \times \frac{1}{3} + 15 \times 1 + 10 \times 3 + 8 \times 5}{34} = 2.510$$

创新性与实用性/可借鉴性相比：

$$\frac{0 \times \frac{1}{5} + 2 \times \frac{1}{3} + 17 \times 1 + 9 \times 3 + 6 \times 5}{34} = 2.196$$

科学性与重要性相比：

$$\frac{0\times\frac{1}{5}+0\times\frac{1}{3}+19\times1+10\times3+5\times5}{34}=2.176$$

科学性与实用性/可借鉴性相比：

$$\frac{0\times\frac{1}{5}+0\times\frac{1}{3}+21\times1+7\times3+6\times5}{34}=2.118$$

重要性与实用性/可借鉴性相比：

$$\frac{0\times\frac{1}{5}+7\times\frac{1}{3}+18\times1+6\times3+3\times5}{34}=1.569$$

表7-16 创新性、科学性、重要性、实用性/可借鉴性成对比较数据表（自然科学领域）

	创新性	科学性	重要性	实用性/可借鉴性
创新性	1	1.863	2.510	2.196
科学性	0.537	1	2.176	2.118
重要性	0.398	0.460	1	1.569
实用性/可借鉴性	0.455	0.472	0.637	1

将表7-16写成矩阵为：

$$B=\begin{bmatrix} 1 & 1.863 & 2.510 & 2.196 \\ 0.537 & 1 & 2.176 & 2.118 \\ 0.398 & 0.460 & 1 & 1.569 \\ 0.455 & 0.472 & 0.637 & 1 \end{bmatrix}$$

经过Matlab计算该矩阵的最大特征值为$\lambda=4.071$。

所对应的特征向量：$y=\begin{bmatrix}0.752\\0.525\\0.307\\0.256\end{bmatrix}$，特征向量归一化：$\omega=\begin{bmatrix}0.409\\0.285\\0.167\\0.139\end{bmatrix}$

$$CI = \frac{4.071 - 4}{4 - 1} = 0.024$$

$$RI = 0.89$$

$$CR = \frac{0.024}{0.89} = 0.027 < 0.1$$

通过一致性检验。

因此，创新性、科学性、重要性、实用性/可借鉴性的权重分别为 0.409、0.285、0.167、0.139。

3. 论点合理可靠、论据恰当充分、论证逻辑严密的权重计算

根据标度和调研统计数据求加权平均数。

论点合理可靠与论据恰当充分相比：

$$\frac{0 \times \frac{1}{5} + 1 \times \frac{1}{3} + 25 \times 1 + 4 \times 3 + 4 \times 5}{34} = 1.686$$

论点合理可靠与论证逻辑严密相比：

$$\frac{0 \times \frac{1}{5} + 3 \times \frac{1}{3} + 23 \times 1 + 4 \times 3 + 4 \times 5}{34} = 1.647$$

论据恰当充分与论证逻辑严密相比：

$$\frac{0 \times \frac{1}{5} + 3 \times \frac{1}{3} + 28 \times 1 + 1 \times 3 + 2 \times 5}{34} = 1.235$$

表 7-17　论点合理可靠、论据恰当充分、论证逻辑严密成对比较数据表（自然科学领域）

	论点合理可靠	论据恰当充分	论证逻辑严密
论点合理可靠	1	1.686	1.647
论据恰当充分	0.593	1	1.235
论证逻辑严密	0.607	0.810	1

将表 7-17 写成矩阵为：

$$C = \begin{bmatrix} 1 & 1.686 & 1.647 \\ 0.593 & 1 & 1.235 \\ 0.607 & 0.810 & 1 \end{bmatrix}$$

经过Matlab计算该矩阵的最大特征值为$\lambda = 3.006$。

所对应的特征向量：$y = \begin{bmatrix} 0.761 \\ 0.488 \\ 0.427 \end{bmatrix}$，特征向量归一化，$\omega = \begin{bmatrix} 0.454 \\ 0.291 \\ 0.255 \end{bmatrix}$

$$CI = \frac{3.006 - 3}{3 - 1} = 0.003$$

$$RI = 0.58$$

$$CR = \frac{0.003}{0.58} = 0.005 < 0.1$$

通过一致性检验。

因此，论点合理可靠、论据恰当充分、论证逻辑严密的权重分别为0.454、0.291、0.255。

4. 选题价值、结论重要性的权重计算

根据标度和调研统计数据求加权平均数。

选题价值与结论重要性相比：

$$\frac{0 \times \frac{1}{5} + 1 \times \frac{1}{3} + 22 \times 1 + 7 \times 3 + 4 \times 5}{34} = 1.863$$

表7-18　选题价值、结论重要性成对比较数据表（自然科学领域）

	选题价值	结论重要性
选题价值	1	1.863
结论重要性	0.537	1

将表7-18写成矩阵为：

$$C_3 = \begin{bmatrix} 1 & 1.863 \\ 0.537 & 1 \end{bmatrix}$$

经过Matlab计算该矩阵的最大特征值为 $\lambda = 2$。

所对应的特征向量：$y = \begin{bmatrix} 0.881 \\ 0.473 \end{bmatrix}$，特征向量归一化：$\omega = \begin{bmatrix} 0.651 \\ 0.349 \end{bmatrix}$

$$CI = \frac{2-2}{2-1} = 0$$

有完全的一致性。

因此，选题价值和结论重要性的权重分别为0.651、0.349。

（三）医药卫生领域

1.学术价值、写作质量的权重计算

根据标度和调研统计数据求加权平均数。

学术价值与写作质量相比：

$$\frac{0 \times \frac{1}{5} + 0 \times \frac{1}{3} + 5 \times 1 + 10 \times 3 + 12 \times 5}{27} = 3.519$$

表7-19 学术价值、写作质量成对比较数据表（医药卫生领域）

	学术价值	写作质量
学术价值	1	3.519
写作质量	0.284	1

将表7-19写成矩阵为：

$$A = \begin{bmatrix} 1 & 3.519 \\ 0.284 & 1 \end{bmatrix}$$

经过Matlab计算该矩阵的最大特征值为 $\lambda = 2$，具有完全一致性。

所对应的特征向量：$y = \begin{bmatrix} 0.962 \\ 0.273 \end{bmatrix}$，特征向量归一化：$\omega = \begin{bmatrix} 0.779 \\ 0.221 \end{bmatrix}$

因此，学术价值和写作质量对应的权重分别为0.779、0.221。

2.创新性、科学性、重要性、实用性/可借鉴性的权重计算

根据标度和调研统计数据求加权平均数。

创新性与科学性相比：

$$\frac{1\times\frac{1}{5}+0\times\frac{1}{3}+19\times1+2\times3+5\times5}{27}=1.859$$

创新性与重要性相比：

$$\frac{0\times\frac{1}{5}+2\times\frac{1}{3}+13\times1+6\times3+6\times5}{27}=2.284$$

创新性与实用性/可借鉴性相比：

$$\frac{0\times\frac{1}{5}+1\times\frac{1}{3}+14\times1+6\times3+6\times5}{27}=2.309$$

科学性与重要性相比：

$$\frac{0\times\frac{1}{5}+0\times\frac{1}{3}+11\times1+8\times3+8\times5}{27}=2.778$$

科学性与实用性/可借鉴性相比：

$$\frac{0\times\frac{1}{5}+1\times\frac{1}{3}+16\times1+6\times3+4\times5}{27}=2.012$$

重要性与实用性/可借鉴性相比：

$$\frac{0\times\frac{1}{5}+6\times\frac{1}{3}+15\times1+3\times3+3\times5}{27}=1.519$$

表7-20 创新性、科学性、重要性、实用性/可借鉴性成对比较数据表（医药卫生领域）

	创新性	科学性	重要性	实用性/可借鉴性
创新性	1	1.859	2.284	2.309
科学性	0.538	1	2.778	2.012
重要性	0.438	0.360	1	1.519
实用性/可借鉴性	0.433	0.497	0.658	1

将表7-20写成矩阵为：

$$B = \begin{bmatrix} 1 & 1.859 & 2.284 & 2.309 \\ 0.538 & 1 & 2.778 & 2.012 \\ 0.438 & 0.360 & 1 & 1.519 \\ 0.433 & 0.497 & 0.658 & 1 \end{bmatrix}$$

经过 Matlab 计算该矩阵的最大特征值为 $\lambda = 4.102$。

所对应的特征向量：$y = \begin{bmatrix} 0.737 \\ 0.554 \\ 0.293 \\ 0.254 \end{bmatrix}$，特征向量归一化：$\omega = \begin{bmatrix} 0.401 \\ 0.301 \\ 0.159 \\ 0.138 \end{bmatrix}$

$$CI = \frac{4.102 - 4}{4 - 1} = 0.034$$
$$RI = 0.89$$
$$CR = \frac{0.034}{0.89} = 0.038 < 0.1$$

通过一致性检验。

因此，创新性、科学性、重要性、实用性/可借鉴性的权重分别为 0.401、0.301、0.159、0.138。

3. 论点合理可靠、论据恰当充分、论证逻辑严密的权重计算

根据标度和调研统计数据求加权平均数。

论点合理可靠与论据恰当充分相比：

$$\frac{0 \times \frac{1}{5} + 0 \times \frac{1}{3} + 18 \times 1 + 6 \times 3 + 3 \times 5}{27} = 1.889$$

论点合理可靠与论证逻辑严密相比：

$$\frac{0 \times \frac{1}{5} + 0 \times \frac{1}{3} + 18 \times 1 + 6 \times 3 + 3 \times 5}{27} = 1.889$$

论据恰当充分与论证逻辑严密相比：

$$\frac{0 \times \frac{1}{5} + 0 \times \frac{1}{3} + 19 \times 1 + 6 \times 3 + 2 \times 5}{27} = 1.741$$

表 7-21　论点合理可靠、论据恰当充分、论证逻辑严密成对比较数据表（医药卫生领域）

	论点合理可靠	论据恰当充分	论证逻辑严密
论点合理可靠	1	1.889	1.889
论据恰当充分	0.529	1	1.741
论证逻辑严密	0.529	0.574	1

将表7-21写成矩阵为：

$$C = \begin{bmatrix} 1 & 1.889 & 1.889 \\ 0.529 & 1 & 1.741 \\ 0.529 & 0.574 & 1 \end{bmatrix}$$

经过Matlab计算该矩阵的最大特征值为 $\lambda = 3.034$。

所对应的特征向量：$y = \begin{bmatrix} 0.791 \\ 0.504 \\ 0.348 \end{bmatrix}$，特征向量归一化：$\omega = \begin{bmatrix} 0.481 \\ 0.307 \\ 0.212 \end{bmatrix}$

$$CI = \frac{3.034 - 3}{3 - 1} = 0.017$$

$$RI = 0.58$$

$$CR = \frac{0.017}{0.58} = 0.029 < 0.1$$

通过一致性检验。

因此，论点合理可靠、论据恰当充分、论证逻辑严密的权重分别为 0.481、0.307、0.212。

4. 选题价值、结论重要性的权重计算

根据标度和调研统计数据求加权平均数。

选题价值与结论重要性相比：

$$\frac{0 \times \frac{1}{5} + 1 \times \frac{1}{3} + 16 \times 1 + 5 \times 3 + 5 \times 5}{27} = 2.086$$

表 7-22　选题价值、结论重要性成对比较数据表（医药卫生领域）

	选题价值	结论重要性
选题价值	1	2.086
结论重要性	0.479	1

将表 7-22 写成矩阵为：

$$C_3 = \begin{bmatrix} 1 & 2.086 \\ 0.479 & 1 \end{bmatrix}$$

经过 Matlab 计算该矩阵的最大特征值为 $\lambda = 2$。

所对应的特征向量：$y = \begin{bmatrix} 0.902 \\ 0.432 \end{bmatrix}$，特征向量归一化：$\omega = \begin{bmatrix} 0.676 \\ 0.324 \end{bmatrix}$

$$CI = \frac{2-2}{2-1} = 0$$

有完全的一致性。

因此，选题价值和结论重要性的权重分别为 0.676、0.324。

（四）农业科学领域

1. 学术价值、写作质量的权重计算

根据标度和调研统计数据求加权平均数。

学术价值与写作质量相比：

$$\frac{0 \times \frac{1}{5} + 0 \times \frac{1}{3} + 5 \times 1 + 4 \times 3 + 5 \times 5}{14} = 3.000$$

表 7-23　学术价值、写作质量成对比较数据表（农业科学领域）

	学术价值	写作质量
学术价值	1	3.000
写作质量	0.333	1

将表 7-23 写成矩阵为：

$$A = \begin{bmatrix} 1 & 3.000 \\ 0.333 & 1 \end{bmatrix}$$

经过Matlab计算该矩阵的最大特征值为$\lambda=2$，具有完全一致性。所对应的特征向量：$y=\begin{bmatrix}0.948\\0.316\end{bmatrix}$，特征向量归一化：$\omega=\begin{bmatrix}0.750\\0.250\end{bmatrix}$

因此，学术价值和写作质量对应的权重分别为0.750、0.250。

2.创新性、科学性、重要性、实用性/可借鉴性的权重计算

根据标度和调研统计数据求加权平均数。

创新性与科学性相比：

$$\frac{0\times\frac{1}{5}+0\times\frac{1}{3}+10\times1+3\times3+1\times5}{14}=1.714$$

创新性与重要性相比：

$$\frac{0\times\frac{1}{5}+1\times\frac{1}{3}+8\times1+4\times3+1\times5}{14}=1.810$$

创新性与实用性/可借鉴性相比：

$$\frac{0\times\frac{1}{5}+2\times\frac{1}{3}+9\times1+3\times3+0\times5}{14}=1.333$$

科学性与重要性相比：

$$\frac{0\times\frac{1}{5}+0\times\frac{1}{3}+6\times1+6\times3+2\times5}{14}=2.429$$

科学性与实用性/可借鉴性相比：

$$\frac{0\times\frac{1}{5}+0\times\frac{1}{3}+7\times1+6\times3+1\times5}{14}=2.143$$

重要性与实用性/可借鉴性相比：

$$\frac{0\times\frac{1}{5}+2\times\frac{1}{3}+9\times1+3\times3+0\times5}{14}=1.333$$

表 7-24 创新性、科学性、重要性、实用性/可借鉴性成对比较数据表（农业科学领域）

	创新性	科学性	重要性	实用性/可借鉴性
创新性	1	1.714	1.810	1.333
科学性	0.583	1	2.429	2.143
重要性	0.552	0.412	1	1.333
实用性/可借鉴性	0.750	0.467	0.750	1

将表7-24写成矩阵为：

$$B = \begin{bmatrix} 1 & 1.714 & 1.810 & 1.333 \\ 0.583 & 1 & 2.429 & 2.143 \\ 0.552 & 0.412 & 1 & 1.333 \\ 0.750 & 0.467 & 0.750 & 1 \end{bmatrix}$$

经过Matlab计算该矩阵的最大特征值为 $\lambda = 4.142$。

所对应的特征向量：$y = \begin{bmatrix} 0.654 \\ 0.598 \\ 0.331 \\ 0.324 \end{bmatrix}$，特征向量归一化：$\omega = \begin{bmatrix} 0.343 \\ 0.314 \\ 0.174 \\ 0.170 \end{bmatrix}$

$$CI = \frac{4.142 - 4}{4 - 1} = 0.047$$
$$RI = 0.89$$
$$CR = \frac{0.005}{0.89} = 0.053 < 0.1$$

通过一致性检验。

因此，创新性、科学性、重要性、实用性/可借鉴性的权重分别为0.343、0.314、0.174、0.170。

3.论点合理可靠、论据恰当充分、论证逻辑严密的权重计算

根据标度和调研统计数据求加权平均数。

论点合理可靠与论据恰当充分相比：

$$\frac{0 \times \frac{1}{5} + 1 \times \frac{1}{3} + 6 \times 1 + 6 \times 3 + 1 \times 5}{14} = 2.095$$

论点合理可靠与论证逻辑严密相比：

$$\frac{0 \times \frac{1}{5} + 2 \times \frac{1}{3} + 8 \times 1 + 4 \times 3 + 0 \times 5}{12} = 1.476$$

论据恰当充分与论证逻辑严密相比：

$$\frac{0 \times \frac{1}{5} + 1 \times \frac{1}{3} + 9 \times 1 + 4 \times 3 + 0 \times 5}{14} = 1.524$$

表 7-25　论点合理可靠、论据恰当充分、论证逻辑严密成对比较数据表（农业科学领域）

	论点合理可靠	论据恰当充分	论证逻辑严密
论点合理可靠	1	2.095	1.476
论据恰当充分	0.477	1	1.524
论证逻辑严密	0.678	0.656	1

将表 7-25 写成矩阵为：

$$C = \begin{bmatrix} 1 & 2.095 & 1.476 \\ 0.477 & 1 & 1.524 \\ 0.678 & 0.656 & 1 \end{bmatrix}$$

经过 Matlab 计算该矩阵的最大特征值为 $\lambda = 3.067$。

所对应的特征向量：$y = \begin{bmatrix} 0.777 \\ 0.480 \\ 0.407 \end{bmatrix}$，特征向量归一化：$\omega = \begin{bmatrix} 0.467 \\ 0.288 \\ 0.245 \end{bmatrix}$

$$CI = \frac{3.067 - 3}{3 - 1} = 0.034$$

$$RI = 0.58$$

$$CR = \frac{0.034}{0.58} = 0.059 < 0.1$$

通过一致性检验。

因此，论点合理可靠、论据恰当充分、论证逻辑严密的权重分别为 0.467、0.288、0.245。

4.选题价值、结论重要性的权重计算

根据标度和调研统计数据求加权平均数。

选题价值与结论重要性相比：

$$\frac{0\times\frac{1}{5}+2\times\frac{1}{3}+9\times1+1\times3+2\times5}{14}=1.619$$

表7-26 选题价值、结论重要性成对比较数据表（农业科学领域）

	选题价值	结论重要性
选题价值	1	1.619
结论重要性	0.618	1

将表7-26写成矩阵为：

$$C_3=\begin{bmatrix}1 & 1.619\\0.618 & 1\end{bmatrix}$$

经过Matlab计算该矩阵的最大特征值为 $\lambda=2$。

所对应的特征向量：$y=\begin{bmatrix}0.851\\0.526\end{bmatrix}$，特征向量归一化：$\omega=\begin{bmatrix}0.618\\0.382\end{bmatrix}$

$$CI=\frac{2-2}{2-1}=0$$

有完全的一致性。

因此，选题价值和结论重要性的权重分别为0.618、0.382。

（五）工业技术领域

1.学术价值、写作质量的权重计算

根据标度和调研统计数据求加权平均数。

学术价值与写作质量相比：

$$\frac{0\times\frac{1}{5}+0\times\frac{1}{3}+14\times1+12\times3+26\times5}{52}=3.462$$

表 7-27　学术价值、写作质量成对比较数据表（工业技术领域）

	学术价值	写作质量
学术价值	1	3.462
写作质量	0.289	1

将表 7-27 写成矩阵为：

$$A=\begin{bmatrix}1 & 3.462\\ 0.289 & 1\end{bmatrix}$$

经过 Matlab 计算该矩阵的最大特征值为 $\lambda=2$，具有完全一致性。

所对应的特征向量：$y=\begin{bmatrix}0.961\\0.278\end{bmatrix}$，特征向量归一化：$\omega=\begin{bmatrix}0.776\\0.224\end{bmatrix}$

因此，学术价值和写作质量对应的权重分别为 0.776、0.224。

2. 创新性、科学性、重要性、实用性/可借鉴性的权重计算

根据标度和调研统计数据求加权平均数。

创新性与科学性相比：

$$\frac{0\times\frac{1}{5}+0\times\frac{1}{3}+37\times1+8\times3+7\times5}{52}=1.846$$

创新性与重要性相比：

$$\frac{0\times\frac{1}{5}+0\times\frac{1}{3}+19\times1+21\times3+12\times5}{52}=2.731$$

创新性与实用性/可借鉴性相比：

$$\frac{0\times\frac{1}{5}+2\times\frac{1}{3}+31\times1+12\times3+7\times5}{52}=1.974$$

科学性与重要性相比：

$$\frac{0\times\frac{1}{5}+0\times\frac{1}{3}+27\times1+16\times3+9\times5}{52}=2.308$$

科学性与实用性/可借鉴性相比：

$$\frac{0\times\frac{1}{5}+1\times\frac{1}{3}+31\times1+15\times3+5\times5}{52}=1.949$$

重要性与实用性/可借鉴性相比：

$$\frac{0\times\frac{1}{5}+13\times\frac{1}{3}+25\times1+12\times3+2\times5}{52}=1.449$$

表 7-28　创新性、科学性、重要性、实用性/可借鉴性成对比较数据表（工业技术领域）

	创新性	科学性	重要性	实用性/可借鉴性
创新性	1	1.846	2.731	1.974
科学性	0.542	1	2.308	1.949
重要性	0.366	0.433	1	1.449
实用性/可借鉴性	0.507	0.513	0.690	1

将表 7-28 写成矩阵为：

$$B=\begin{bmatrix}1 & 1.846 & 2.731 & 1.974\\0.542 & 1 & 2.308 & 1.949\\0.366 & 0.433 & 1 & 1.449\\0.507 & 0.513 & 0.690 & 1\end{bmatrix}$$

经过 Matlab 计算该矩阵的最大特征值为 $\lambda=4.084$。

所对应的特征向量：$y=\begin{vmatrix}0.750\\0.525\\0.292\\0.276\end{vmatrix}$，特征向量归一化：$\omega=\begin{bmatrix}0.407\\0.285\\0.158\\0.150\end{bmatrix}$

$$CI=\frac{4.084-4}{4-1}=0.028$$

$$RI = 0.89$$
$$CR = \frac{0.028}{0.89} = 0.031 < 0.1$$

通过一致性检验。

因此，创新性、科学性、重要性、实用性/可借鉴性的权重分别为0.407、0.285、0.158、0.150。

3.论点合理可靠、论据恰当充分、论证逻辑严密的权重计算

根据标度和调研统计数据求加权平均数。

论点合理可靠与论据恰当充分相比：

$$\frac{0 \times \frac{1}{5} + 0 \times \frac{1}{3} + 38 \times 1 + 10 \times 3 + 4 \times 5}{52} = 1.692$$

论点合理可靠与论证逻辑严密相比：

$$\frac{0 \times \frac{1}{5} + 2 \times \frac{1}{3} + 36 \times 1 + 11 \times 3 + 3 \times 5}{52} = 1.628$$

论据恰当充分与论证逻辑严密相比：

$$\frac{0 \times \frac{1}{5} + 1 \times \frac{1}{3} + 43 \times 1 + 6 \times 3 + 2 \times 5}{52} = 1.372$$

表7-29 论点合理可靠、论据恰当充分、论证逻辑严密成对比较数据表（工业技术领域）

	论点合理可靠	论据恰当充分	论证逻辑严密
论点合理可靠	1	1.692	1.628
论据恰当充分	0.591	1	1.372
论证逻辑严密	0.614	0.729	1

将表7-29写成矩阵为：

$$C = \begin{bmatrix} 1 & 1.692 & 1.628 \\ 0.591 & 1 & 1.372 \\ 0.614 & 0.729 & 1 \end{bmatrix}$$

经过Matlab计算该矩阵的最大特征值为$\lambda = 3.014$。

所对应的特征向量：$y = \begin{bmatrix} 0.758 \\ 0.504 \\ 0.414 \end{bmatrix}$，特征向量归一化：$\omega = \begin{bmatrix} 0.452 \\ 0.301 \\ 0.247 \end{bmatrix}$

$$CI = \frac{3.014 - 3}{3 - 1} = 0.007$$

$$RI = 0.58$$

$$CR = \frac{0.007}{0.58} = 0.012 < 0.1$$

通过一致性检验。

因此，论点合理可靠、论据恰当充分、论证逻辑严密的权重分别为0.452、0.301、0.247。

4.选题价值、结论重要性的权重计算

根据标度和调研统计数据求加权平均数。

选题价值与结论重要性相比：

$$\frac{0 \times \frac{1}{5} + 4 \times \frac{1}{3} + 27 \times 1 + 16 \times 3 + 5 \times 5}{52} = 1.949$$

表7-30 选题价值、结论重要性成对比较数据表（工业技术领域）

	选题价值	结论重要性
选题价值	1	1.949
结论重要性	0.513	1

将表7-30写成矩阵为：

$$C_3 = \begin{bmatrix} 1 & 1.949 \\ 0.513 & 1 \end{bmatrix}$$

经过Matlab计算该矩阵的最大特征值为$\lambda = 2$。

所对应的特征向量：$y = \begin{bmatrix} 0.890 \\ 0.457 \end{bmatrix}$，特征向量归一化：$\omega = \begin{bmatrix} 0.661 \\ 0.339 \end{bmatrix}$

$$CI = \frac{2-2}{2-1} = 0$$

有完全的一致性。

因此，选题价值和结论重要性的权重分别为0.661、0.339。

（六）不分学科领域

1.学术价值、写作质量的权重计算

根据标度和调研统计数据求加权平均数。

学术价值与写作质量相比：

$$\frac{1 \times \frac{1}{5} + 0 \times \frac{1}{3} + 60 \times 1 + 62 \times 3 + 82 \times 5}{205} = 3.201$$

表7-31 学术价值、写作质量成对比较数据表（不分学科领域）

	学术价值	写作质量
学术价值	1	3.201
写作质量	0.312	1

将表7-31写成矩阵为：

$$A = \begin{bmatrix} 1 & 3.201 \\ 0.312 & 1 \end{bmatrix}$$

经过Matlab计算该矩阵的最大特征值为$\lambda = 2$，具有完全一致性。

所对应的特征向量：$y = \begin{bmatrix} 0.955 \\ 0.298 \end{bmatrix}$，特征向量归一化：$\omega = \begin{bmatrix} 0.762 \\ 0.238 \end{bmatrix}$

因此，学术价值和写作质量对应的权重分别为0.762、0.238。

2.创新性、科学性、重要性、实用性/可借鉴性的权重计算

根据标度和调研统计数据求加权平均数。

创新性与科学性相比：

$$\frac{2 \times \frac{1}{5} + 2 \times \frac{1}{3} + 134 \times 1 + 32 \times 3 + 35 \times 5}{205} = 1.981$$

创新性与重要性相比：

$$\frac{1\times\frac{1}{5}+6\times\frac{1}{3}+92\times1+57\times3+49\times5}{205}=2.489$$

创新性与实用性/可借鉴性相比：

$$\frac{1\times\frac{1}{5}+11\times\frac{1}{3}+99\times1+51\times3+43\times5}{205}=2.297$$

科学性与重要性相比：

$$\frac{1\times\frac{1}{5}+2\times\frac{1}{3}+93\times1+64\times3+45\times5}{205}=2.492$$

科学性与实用性/可借鉴性相比：

$$\frac{0\times\frac{1}{5}+4\times\frac{1}{3}+102\times1+62\times3+37\times5}{205}=2.314$$

重要性与实用性/可借鉴性相比：

$$\frac{0\times\frac{1}{5}+36\times\frac{1}{3}+108\times1+42\times3+19\times5}{205}=1.663$$

表7-32 创新性、科学性、重要性、实用性/可借鉴性成对比较数据表（不分学科领域）

	创新性	科学性	重要性	实用性/可借鉴性
创新性	1	1.981	2.489	2.297
科学性	0.505	1	2.492	2.314
重要性	0.402	0.401	1	1.663
实用性/可借鉴性	0.435	0.432	0.601	1

将表7-32写成矩阵为：

$$B_2=\begin{bmatrix}1 & 1.981 & 2.489 & 2.297\\0.505 & 1 & 2.492 & 2.314\\0.402 & 0.401 & 1 & 1.663\\0.435 & 0.432 & 0.601 & 1\end{bmatrix}$$

经过Matlab计算该矩阵的最大特征值为 $\lambda = 4.103$。

所对应的特征向量：$y = \begin{bmatrix} 0.755 \\ 0.536 \\ 0.294 \\ 0.238 \end{bmatrix}$，特征向量归一化：$\omega = \begin{bmatrix} 0.414 \\ 0.294 \\ 0.161 \\ 0.131 \end{bmatrix}$

$$CI = \frac{4.103 - 4}{4 - 1} = 0.034$$

$$RI = 0.89$$

$$CR = \frac{0.034}{0.89} = 0.039 < 0.1$$

通过一致性检验。

因此，创新性、科学性、重要性、实用性/可借鉴性的权重分别为0.414、0.294、0.161、0.131。

3. 论点合理可靠、论据恰当充分、论证逻辑严密的权重计算

根据标度和调研统计数据求加权平均数。

论点合理可靠与论据恰当充分相比：

$$\frac{0 \times \frac{1}{5} + 3 \times \frac{1}{3} + 138 \times 1 + 44 \times 3 + 20 \times 5}{205} = 1.810$$

论点合理可靠与论证逻辑严密相比：

$$\frac{1 \times \frac{1}{5} + 10 \times \frac{1}{3} + 138 \times 1 + 41 \times 3 + 15 \times 5}{205} = 1.656$$

论据恰当充分与论证逻辑严密相比：

$$\frac{1 \times \frac{1}{5} + 9 \times \frac{1}{3} + 158 \times 1 + 24 \times 3 + 13 \times 5}{205} = 1.455$$

表7-33 论点合理可靠、论据恰当充分、论证逻辑严密成对比较数据表（不分学科领域）

	论点合理可靠	论据恰当充分	论证逻辑严密
论点合理可靠	1	1.810	1.656

续表

	论点合理可靠	论据恰当充分	论证逻辑严密
论据恰当充分	0.552	1	1.455
论证逻辑严密	0.604	0.687	1

将表7-33写成矩阵为：

$$C_2 = \begin{bmatrix} 1 & 1.810 & 1.656 \\ 0.552 & 1 & 1.455 \\ 0.604 & 0.687 & 1 \end{bmatrix}$$

经过Matlab计算该矩阵的最大特征值为 $\lambda = 3.024$。

所对应的特征向量：$y = \begin{bmatrix} 0.771 \\ 0.497 \\ 0.399 \end{bmatrix}$，特征向量归一化：$\omega = \begin{bmatrix} 0.463 \\ 0.298 \\ 0.239 \end{bmatrix}$

$$CI = \frac{3.024 - 3}{3 - 1} = 0.012$$

$$RI = 0.58$$

$$CR = \frac{0.012}{0.58} = 0.021 < 0.1$$

通过一致性检验。

因此，论点合理可靠、论据恰当充分、论证逻辑严密的权重分别为0.463、0.298、0.239。

4. 选题价值、结论重要性的权重计算

根据标度和调研统计数据求加权平均数。

选题价值与结论重要性相比：

$$\frac{0 \times \frac{1}{5} + 13 \times \frac{1}{3} + 112 \times 1 + 48 \times 3 + 32 \times 5}{205} = 2.050$$

163

表 7-34　选题价值、结论重要性成对比较数据表（不分学科领域）

	选题价值	结论重要性
选题价值	1	2.050
结论重要性	0.488	1

将表 7-34 写成矩阵为：

$$C_3 = \begin{bmatrix} 1 & 2.050 \\ 0.488 & 1 \end{bmatrix}$$

经过 Matlab 计算该矩阵的最大特征值为 $\lambda = 2$。

所对应的特征向量：$y = \begin{bmatrix} 0.899 \\ 0.439 \end{bmatrix}$，特征向量归一化：$\omega = \begin{bmatrix} 0.672 \\ 0.328 \end{bmatrix}$

$$CI = \frac{2-2}{2-1} = 0$$

有完全的一致性。

因此，选题价值和结论重要性的权重分别为 0.672、0.328。

通过以上各学科领域和不分学科领域定性评价指标的权重计算，获得了定性评价指标分层次权重分布，见表 7-35。其中，意识形态导向是评价学术论文的首要标准，如果论文在意识形态导向上有问题，直接一票否决。

表 7-35　定性评价指标分层次权重分布（保留至小数点后三位）

	人文社科	自然科学	医药卫生	农业科学	工业技术	不分学科领域
意识形态导向	1/0					
学术价值	0.751	0.754	0.779	0.750	0.776	0.762
写作质量	0.249	0.246	0.221	0.250	0.224	0.238
创新性	0.433	0.409	0.401	0.343	0.407	0.414
科学性	0.296	0.285	0.301	0.314	0.285	0.294
重要性	0.160	0.167	0.159	0.174	0.158	0.161
实用性/可借鉴性	0.111	0.139	0.138	0.170	0.150	0.131
论点合理可靠	0.464	0.454	0.481	0.467	0.452	0.463

续表

	人文社科	自然科学	医药卫生	农业科学	工业技术	不分学科领域
论据恰当充分	0.296	0.291	0.307	0.288	0.301	0.298
论证逻辑严密	0.240	0.255	0.212	0.245	0.247	0.239
选题价值	0.694	0.651	0.676	0.618	0.661	0.672
结论重要性	0.306	0.349	0.324	0.382	0.339	0.328

二、实际评价工作中各项评价指标权重的分配

学界对学术论文定量评价指标的研究和讨论比较常见，对定性评价指标的讨论较为少见。这并不能表明定性评价指标不重要，究其原因，还是源于定性评价指标的不好划分、不好描述、不好验证。为了克服这些困难，本项研究分为梳理定性评价指标和调研分析指标权重两个部分。梳理定性评价指标部分从10年间的相关研究论文中提取涉及学术论文定性评价的表述，分类合并、逐项分析，尽可能全面地获得定性评价意见指向，明确具体指向、合理划分层次；在此基础上，调研分析指标权重部分对核心期刊群进行调研统计抽样，利用层次分析法计算出各项指标的权重分配。在实际评价中，主办方可以综合考虑评审要求、评审时长、参评论文数、资金投入等因素，自主选择将评审指标细化到第三层次或第四层次。如果细化到第三层次，可设置评价指标6个：意识形态导向、创新性、科学性、重要性、实用性/可借鉴性、写作质量；如果细化到第四层次，可设置评价指标9个：意识形态导向、创新性、论点合理可靠、论据恰当充分、论证逻辑严密、选题价值、结论重要性、实用性/可借鉴性、写作质量。

在学术论文定性评价的具体实践工作中，主办方可以根据评审数量和评选要求的精细化程度来选择指标层级。结合图7-3和表7-35可以计算出实际评价工作中各项评价指标权重的分配占比。如果精细评价到第三层次，指标权重分配见表7-36。其中，意识形态导向是评价学术论文的首要标准，如果论文在意识形态导向上有问题，直接一票否决。

表 7-36 精细至第三层次的定性评价指标权重分布（保留至小数点后三位）

	人文社科	自然科学	医药卫生	农业科学	工业技术	不分学科领域
意识形态导向	1/0					
创新性	0.325	0.308	0.312	0.257	0.316	0.315
科学性	0.222	0.215	0.234	0.236	0.221	0.224
重要性	0.120	0.126	0.124	0.131	0.123	0.123
实用性/可借鉴性	0.083	0.105	0.108	0.128	0.116	0.100
写作质量	0.249	0.246	0.221	0.250	0.224	0.238

如果精细评价到第四层次，指标权重分配见表7-37。

表 7-37 精细至第四层次的定性评价指标权重分布（保留至小数点后三位）

	人文社科	自然科学	医药卫生	农业科学	工业技术	不分学科领域
意识形态导向	1/0					
创新性	0.325	0.308	0.312	0.257	0.316	0.315
论点合理可靠	0.103	0.098	0.113	0.110	0.100	0.104
论据恰当充分	0.066	0.063	0.072	0.068	0.067	0.067
论证逻辑严密	0.053	0.055	0.050	0.058	0.055	0.054
选题价值	0.083	0.082	0.084	0.081	0.081	0.083
结论重要性	0.037	0.044	0.040	0.050	0.042	0.040
实用性/可借鉴性	0.083	0.105	0.108	0.128	0.116	0.100
写作质量	0.249	0.246	0.221	0.250	0.224	0.238

第八章　对大数据阅读分析评价指标的开发

　　评价指标是评价体系的构建基础，也是评价方法作用于评价客体的主要抓手。评价体系研制目的、评价内容、遴选方法等方面的不同，都会体现到评价指标类型的选取和组合上。评价指标应与评价实践实现良好的互动，及时响应评价实践中提出的新要求，并进行调整、细分和深入开发。大数据阅读分析评价指标尚属初创，有很多不成熟之处，在很多方面需要改进，期待在获得实际运营的反馈后进行修正和补充。

　　在实现学术论文的用户评分之后，学术期刊评价就可以基于学术论文的用户评分进行汇总统计和评价比较了。这也是基于大数据分析的学术期刊质量评价的优势所在，不再是"以引评刊"，而是"以文评刊"。

　　需要指出的是，学术论文的用户评分是实时变化的，虽然在海量评分之后会趋于稳定，但也会在一定范围内波动，学术期刊的评价也会随之产生变化。我们获得的某专业领域内各学术期刊的总评分只能是在指定时间的实时分数，并观察是否进入稳定期。好在这对于领域内的各学术期刊都是公平的，没有偏颇。我们可以通过加大学术期刊统计年度消减这种倾向。由于大数据学术论文阅读分析评价系统对论文的评价不再依附于学术期刊评价，而是"华丽转身"成为学术期刊评价的基础，本身也独立存在。去除学术期刊评价被附加的科研管理功能，学术期刊评价结果也仅作为学术期刊界的学术质量评价，不会再产生由于与科研管理工作挂钩而产生的不良影响。

第一节　学术论文评价指标设计

根据论文定性评价指标数据，我们可以开发出一系列学术论文评价指标和学术期刊评价指标，这种开发还可以持续研制下去。由于对学术论文的评价是单篇评价，没有绝对量数据，只有相对量数据，课题组提出了学术水平量标、创新性量标、科学性量标、重要性量标、实用性/可借鉴性量标、写作质量量标等学术论文的评价指标。因为不断有新用户的评价加入，论文的评价指标数据不是固化的，而是始终处于动态调整中。当然随着用户参与量的增加，数值的调整幅度会越来越小，甚至难以撼动，这个时候的指标数值就进入稳定期。指标数值是否进入稳定期，可以通过数据随用户量增加的变化幅度来确定。

一、学术水平量标

学术论文的学术水平量标就是我们在讨论论文评价流程中采集指定时间的论文的Z值。也就是按照权重对创新性量标、科学性量标、重要性量标、实用性/可借鉴性量标、写作质量量标加权后获得的综合性评价分数。

二、创新性量标

学术论文评价中的创新性量标主要考察学术论文的创新性特征。创新性是学术论文的本质特征，对学术论文的创新性评价也就居于较为重要的地位。学术论文的创新性量标就是我们在讨论论文评价流程中采集指定时间的论文的加权分类分数中的创新性量度值。

三、科学性量标

学术论文的科学性量标主要考察学术论文的整体科学性特征。科学性是学术论文的必要特征，学术论文的科学性评价也就是对其研究过程的科学性程度的评判。学术论文的科学性量标就是我们在讨论论文评价流程中采集指定时间的论文的加权分类分数中的科学性量度值。

四、重要性量标

学术论文的重要性量标主要考察学术论文选题和研究结论在该研究领域中的重要程度。重要性同样是学术论文的必要特征，学术论文的重要性评价同创新性、科学性评价相比，偏重学术影响层面。学术论文的重要性量标就是我们在讨论论文评价流程中采集指定时间的论文的加权分类分数中的重要性量度值。

五、实用性/可借鉴性量标

此项指标对于自然科学、工业技术、医药卫生、农业科学领域的论文重在实用性，对于人文社科领域的论文重在可借鉴性。学术论文的实用性/可借鉴性量标就是我们在讨论论文评价流程中采集指定时间的论文的加权分类分数中的实用性/可借鉴性量度值。

六、写作质量量标

学术论文的写作质量量标主要考察学术论文的文字流畅程度、逻辑严密程度、图表公式安排合理程度以及引注、数字、计量单位的标准规范等。论文的写作质量评价的重要性看似比不上创新性、科学性、重要性、实用性/可借鉴性等其他学术论文评价指标，但它对学术成果的传播还是非常重要的。学术论文的写作质量量标就是我们在讨论论文评价流程中采集指定时间的论文的加权分类分数中的写作质量量度值。

第二节　学术期刊评价指标设计

在大数据阅读分析评价系统中，学术期刊的评价是建立在学术论文评价的基础上的。学术期刊的评价是多篇论文的集合评价，评价数据有绝对量，也有相对量。绝对量指标主要是学术贡献类指标，着眼于刊物整体贡献度上的评价。相对量指标指向篇均评价。基于此，我们设计了学术贡献类指标、水平因子类指标等总评指标系列和创新性指数、科学性指数、重要性指数、实用性/可借鉴性指数、写作质量指数等分类评价指标。

一、学术贡献类指标

学术贡献类指标的评价指向是学术期刊整体的学术贡献度，属于绝对量数值。设置学术贡献类指标的目的是防止片面强调篇均指标，故意减少刊文篇数的不良办刊倾向。

（一）单期学术贡献量

单期学术贡献量是指被评价学术期刊特定某期所刊发的论文在大数据阅读分析评价系统中获得的学术水平分总和，用以测度该学术期刊特定某期的学术贡献量。

（二）年度学术贡献量

年度学术贡献量是指被评价学术期刊被评价年度所刊发的论文在大数据阅读分析评价系统中获得的学术水平分总和，用以测度该学术期刊的年度学术贡献量。

（三）五年学术贡献量

五年学术贡献量是指被评价学术期刊被评价年度前五年所刊发的论文

在大数据阅读分析评价系统中获得的学术水平分总和，用以测度该学术期刊近年来的学术贡献量。

（四）总学术贡献量

总学术贡献量是指被评价学术期刊自创刊以来所刊发的论文在大数据阅读分析评价系统中获得的学术水平分总和，用以测度该学术期刊长期以来的学术贡献量。

二、水平因子类指标

水平因子类指标的评价指向是学术期刊的平均学术水平，属于相对量数值，用来评价学术期刊在专业领域期刊群中的学术地位。

（一）单期水平因子

单期水平因子是指被评价学术期刊特定某期的学术贡献量与该期载文量的比值，用以测度该学术期刊特定某期的篇均学术水平。

（二）年度水平因子

年度水平因子是指被评价学术期刊的年度学术贡献量与该年总载文量的比值，用以测度该学术期刊的年度篇均学术水平。

（三）五年水平因子

五年水平因子是指被评价学术期刊的五年学术贡献量与五年总载文量的比值，用以测度该学术期刊近年来的篇均学术水平。

（四）总水平因子

总水平因子是指被评价学术期刊自创刊以来的总学术贡献量与总载文量的比值，用以测度该学术期刊长期以来的篇均学术水平。

三、创新性指数

创新性指数的评价指向是学术期刊的篇均创新性评价，属于相对量数值，用来评价学术期刊在专业领域期刊群中的学术创新方面的地位。

（一）单期创新性指数

单期创新性指数是指被评价学术期刊特定某期的创新性总得分与该期载文量的比值，用以测度该学术期刊特定某期的学术创新度。

（二）年度创新性指数

年度创新性指数是指被评价学术期刊的年度创新性总得分与该年总载文量的比值，用以测度该学术期刊的年度学术创新度。

（三）五年创新性指数

五年创新性指数是指被评价学术期刊的五年创新性总得分与五年总载文量的比值，用以测度该学术期刊近年来的学术创新度。

（四）总创新性指数

总创新性指数是指被评价学术期刊自创刊以来的创新性总得分与总载文量的比值，用以测度该学术期刊长期以来的学术创新度。

四、科学性指数

科学性指数的评价指向是学术期刊的篇均科学性评价，属于相对量数值，用来评价学术期刊在专业领域期刊群中的科学性方面的地位。

（一）单期科学性指数

单期科学性指数是指被评价学术期刊特定某期的科学性总得分与该期载文量的比值，用以测度该学术期刊特定某期的科学性程度。

（二）年度科学性指数

年度科学性指数是指被评价学术期刊的年度科学性总得分与该年总载文量的比值，用以测度该学术期刊的年度科学性程度。

（三）五年科学性指数

五年科学性指数是指被评价学术期刊的五年科学性总得分与五年总载

文量的比值，用以测度该学术期刊近年来的科学性程度。

（四）总科学性指数

总科学性指数是指被评价学术期刊自创刊以来的科学性总得分与总载文量的比值，用以测度该学术期刊长期以来的科学性程度。

五、重要性指数

重要性指数的评价指向是学术期刊的篇均重要性评价，属于相对量数值，用来评价学术期刊在专业领域期刊群中的重要性方面的地位。

（一）单期重要性指数

单期重要性指数是指被评价学术期刊特定某期的重要性总得分与该期载文量的比值，用以测度该学术期刊特定某期的学术重要性程度。

（二）年度重要性指数

年度重要性指数是指被评价学术期刊的年度重要性总得分与该年总载文量的比值，用以测度该学术期刊的年度学术重要性程度。

（三）五年重要性指数

五年重要性指数是指被评价学术期刊的五年重要性总得分与五年总载文量的比值，用以测度该学术期刊近年来的学术重要性程度。

（四）总重要性指数

总重要性指数是指被评价学术期刊自创刊以来的重要性总得分与总载文量的比值，用以测度该学术期刊长期以来的学术重要性程度。

六、实用性/可借鉴性指数

实用性/可借鉴性指数的评价指向是学术期刊的篇均实用性/可借鉴性评价，属于相对量数值，用来评价学术期刊在专业领域期刊群中的实用性/可借鉴性方面的地位。

（一）单期实用性/可借鉴性指数

单期实用性/可借鉴性指数是指被评价学术期刊特定某期的实用性/可借鉴性总得分与该期载文量的比值，用以测度该学术期刊特定某期的学术实用性/可借鉴性程度。

（二）年度实用性/可借鉴性指数

年度实用性/可借鉴性指数是指被评价学术期刊的年度实用性/可借鉴性总得分与该年总载文量的比值，用以测度该学术期刊的年度学术实用性/可借鉴性程度。

（三）五年实用性/可借鉴性指数

五年实用性/可借鉴性指数是指被评价学术期刊的五年实用性/可借鉴性总得分与五年总载文量的比值，用以测度该学术期刊近年来的学术实用性/可借鉴性程度。

（四）总实用性/可借鉴性指数

总实用性/可借鉴性指数是指被评价学术期刊自创刊以来的实用性/可借鉴性总得分与总载文量的比值，用以测度该学术期刊长期以来的学术实用性/可借鉴性程度。

七、写作质量指数

写作质量指数的评价指向是学术期刊的篇均写作质量评价，属于相对量数值，用来评价学术期刊在专业领域期刊群中的写作质量方面的地位。

（一）单期写作质量指数

单期写作质量指数是指被评价学术期刊特定某期的写作质量总得分与该期载文量的比值，用以测度该学术期刊特定某期的学术写作质量程度。

（二）年度写作质量指数

年度写作质量指数是指被评价学术期刊的年度写作质量总得分与该年总载文量的比值，用以测度该学术期刊的年度学术写作质量程度。

（三）五年写作质量指数

五年写作质量指数是指被评价学术期刊的五年写作质量总得分与五年总载文量的比值，用以测度该学术期刊近年来的学术写作质量程度。

（四）总写作质量指数

总写作质量指数是指被评价学术期刊自创刊以来的写作质量总得分与总载文量的比值，用以测度该学术期刊长期以来的学术写作质量程度。

第九章　大数据分析评价系统运行测试与分析

按照课题研制构想,"基于大数据分析的学术期刊质量评价体系"课题组建立了分层次配置的学术论文定性评价采集指标,并在对《中文核心期刊要目总览》2020年版核心期刊样本群调研的基础上确定了学术论文评价指标权重;对评价方法、评价流程实现了可操作性的细化设计;对用户评价可信度实行了初始数据提交和按照历史评分痕迹实行动态调整;对用户评分数据设置了清洗纠错环节。在基于大数据分析的学术期刊质量评价系统基本建立的基础上,应对该系统的实际运行进行测试。由于基于大数据分析的学术期刊质量评价系统的完全落地需要依托大型数字期刊出版平台和海量用户的阅读评分,这些在课题研究阶段还难以实现。所以,课题组从研究实际条件出发,进行了小范围的测试运行。

第一节　大数据阅读分析评价的运行模块

学术期刊大数据阅读分析评价分为学术论文阅读分析评价和学术期刊学术水平评价两大部分。学术论文阅读分析评价的评价结果可以独立存在,也就是说,任何一篇学术论文都可以被查阅到实时评价分数和评价用户量。这是基于大数据分析的学术期刊质量评价体系的最大特色所在，学术论文评价可以脱离学术期刊评价而存在，彻底摆脱"以刊评文"。学术论文在核心或非核心期刊上发表，对学术论文的评分没有任何影响；反而是学术论文的评分对其刊发的学术期刊影响很大，学术期刊的评价指标的统计基础数据就是所刊发的学术论文的评分。各类科研管理机构因此也不再需要关注核心期刊评选，可以通过从网上获得该论文的实时评分，实现本机构的申报职称、科研结项、科研考核以及机构科研实力评估、地区科研发展态势估测、国家科研发展进步状态的把握。当然不只科研管理机构可以查阅评分，任何人、任何机构都可以查阅论文和学术期刊的实时分数。

一、学术论文阅读分析评价模块

在具体的系统程序设计中，我们把学术论文阅读分析评价流程分为用户注册、评价可信度、用户评分、数据清洗纠错、分数加权归一、评分偏离度计算、评价可信度修正等七个模块，如图9-1所示。

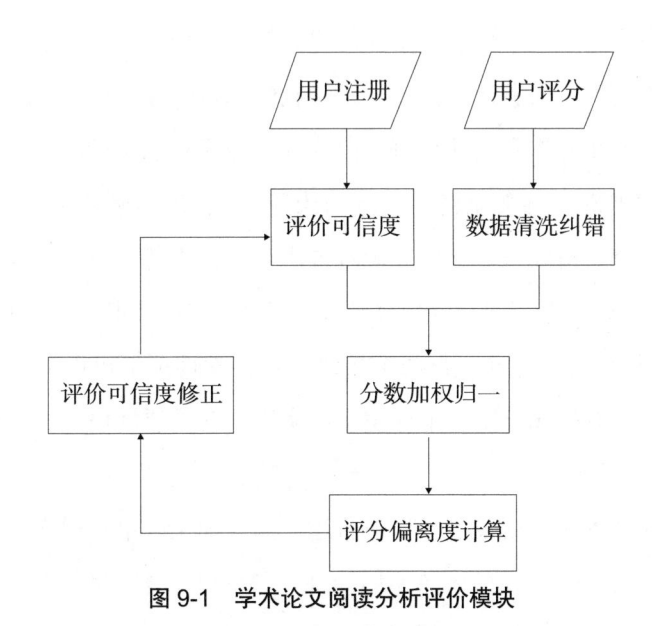

图9-1 学术论文阅读分析评价模块

（一）用户注册模块

用户注册时提交的教育背景、学术专业职称、项目研究情况、发表学术论文情况、出版学术著作情况、学术获奖情况这六项数据，在这一模块进行计算，获得的数据作为用户初始评价可信度录入评价可信度模块。

（二）评价可信度模块

对于新用户，评价可信度模块需要接收用户注册模块的数据进行归一化计算，获得用户初始可信度；对于老用户，评价可信度模块接收评价可信度修正模块的数据，对评价可信度重新赋值，以便该值进入用户下一篇打分的评价流程中。评价可信度模块实际上建立了所有用户的评价可信度数据库，这个数据库里的数据随着用户阅读评分行为实时动态调整。

（三）用户评分模块

在用户评分模块，用户阅读论文后将分数提交系统处理。用户评分的层次细化到何种等级，这需要具体考量系统运算能力和用户的评分耐性。我们之前讨论过，学术论文评价采集指标可以分为三个层级，第一个层级是意识形态导向、学术价值、写作质量。第二个层级，在意识形态导向项下可以分为政治导向和社会伦理要求，在学术价值项下可以分为学术水平和学术影响，在写作质量项下可以分为简明流畅要求（标题精练、摘要简明、关键词准确、行文流畅、文字精当等）、合理准确要求（结构合理、图表必要、公式精确等）和标准规范要求（引证规范、数字和计量单位符合标准等）。第三个层级，在学术水平项下可以分为创新性、科学性、重要性、实用性/可借鉴性。第四个层级，在科学性项下可以分为论点合理可靠度、论据恰当充分度、论证逻辑严密度，在重要性项下可以分为选题价值和结论重要性。

落实到具体评价实践上，如前所述，如果细化到第三层次，可以设置评价指标6个：意识形态导向、创新性、科学性、重要性、实用性/可借鉴性、写作质量；如果细化到第四层次，可以设置评价指标9个：意识形态导向、创新性、论点合理可靠、论据恰当充分、论证逻辑严密、选题价值、结论重要性、实用性/可借鉴性、写作质量。细化到何种程度根据评价精细化要求程度、系统逻辑运算能力和用户评分耐受度综合考虑决定。

（四）数据清洗纠错模块

数据清洗纠错模块对用户评分进行错误识别，如评价单项分数过高（如全部是满分）或者过低（如全部是零分），评价速度过快（如阅读时间少于2分钟）时，就会自动识别为错误数据。这可能是用户操作失误或主观故意而为，该项分数会被系统退回给用户重新评分。对于数据的纠错条件，可以在运行中根据实际情况不断调整。

为了提高系统评价效率，需要尽量避免错误数据进入数据库。系统会对用户的错误操作进行提示，对多次错误操作进行警告，对恶意用户实行屏蔽，但接受用户申诉，由管理人员人工处理。申诉成功的用户，会重新开通评价权限。

（五）分数加权归一模块

分数加权归一模块的工作任务简单说就是，把从数据清洗纠错模块接收到的评价数据，使用评价可信度模块提供的评价可信度数据进行加权后，进行归一化处理，获得该论文的分类总分和基本分数。

设置的评价指标是用户在评分时的主要依据，用户阅读学术论文后按照评价指标逐项打出分项分数。由于不断有其他用户给该篇论文评分，该篇论文的评价分数会越来越趋于稳定，逐渐难以撼动，我们称之为进入稳定期。进入稳定期的分数可以被用作评价数据，还没有进入稳定期的分数可以作为参考数据使用。

（六）评分偏离度计算模块

当用户要对下一篇论文评分时，评分偏离度计算模块立即启动，目的是为评价可信度修正模块提供新数据。此模块具体是根据用户本次的加权分类分数与该论文实时全体用户加权归一后的分类总分的差距计算该用户的分类评分偏离度。评分偏离度平时不需要计算,因为不断有新用户对该论文进行评价,随时计算评分偏离度没有使用意义。只有当用户对下一篇论文评分,必须使用评价可信度对下一篇学术论文的评价分数进行加权处理时,才需要该模块的运作,以对评价可信度实现重新赋值。

用户偏离度是用户加权后的该篇分类评分与对该论文实时全体用户加权归一后的分类分数的差距的绝对值。差距可能是正数,也可能是负数,但差距是正是负对于用户偏离度并不重要,重要的是偏离的数值。这个数值代表该用户对该学术论文的评分与大家的普遍认识的偏离程度。

(七)评价可信度修正模块

评价可信度修正模块使用评分偏离度计算模块提供的数据计算评价可信度修正值,并将数据转给评价可信度模块,对评价可信度重新赋值,以便该值进入用户下一篇评分的评价流程中。

在测算中,我们按照 $TA=\frac{10-LA}{5} \times 0.01$(LA为用户偏离度数值)计算评价可信度修正值。这个公式是按照理想状况设计的。

(1)当LA=0时,说明该用户加权后的该篇评分与对该论文实时全体用户加权归一后的分数完全一样,这时的评价可信度修正值TA=0.02,在原有K值上增加0.02分。

(2)当LA<10时,0.02>TA>0,TA值对KA值的修正是增加KA值。LA值越小,TA增幅越大。

(3)当LA=10时,TA=0,这是TA值正负的分界点。

(4)当LA>10时,TA<0,TA值对KA值的修正是减少KA值。LA值越大,TA降幅越大。

当然,这个计算公式不是固定的,其中的常数可以随着实际运算效率要求适度调整。

二、学术期刊学术水平评价获取步骤

在实时获得学术期刊所刊发学术论文的评价分数后,学术期刊学术水平评价就非常容易实现了。在讨论学术期刊评价指标设计部分,我们给出了学术贡献类指标、水平因子类指标等总评指标系列和创新性指数、科学性指数、重要性指数、实用性/可借鉴性指数、写作质量指数等分类评价指标。具体来说,总评指标和分类评价指标数据获取的步骤可见图9-2、图9-3。

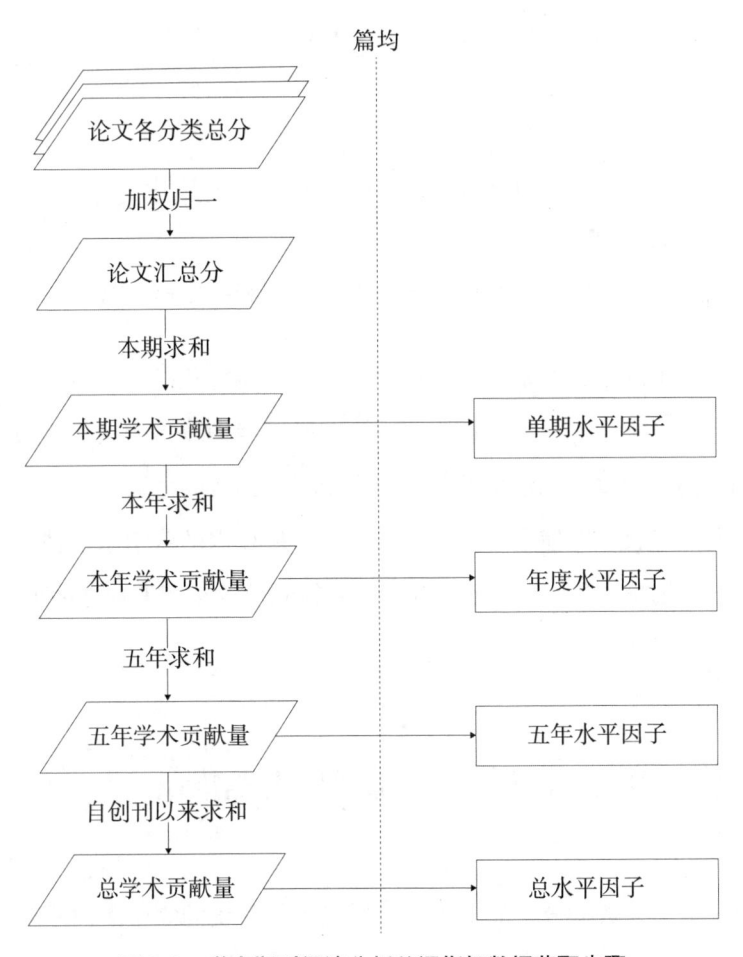

图 9-2 学术期刊阅读分析总评指标数据获取步骤

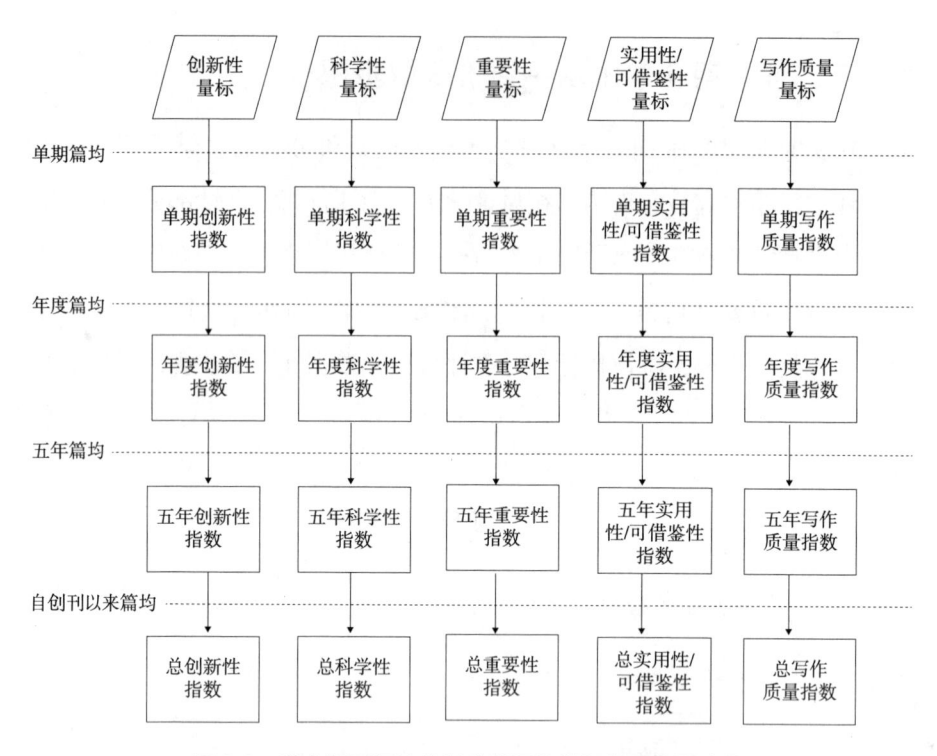

```
                创新性      科学性     重要性    实用性/        写作质量
                量标        量标       量标     可借鉴性        量标
                                               量标
单期篇均
                单期创新性  单期科学性 单期重要性 单期实用    单期写作
                指数        指数       指数     性/可借鉴性  质量指数
                                                指数
年度篇均
                年度创新性  年度科学性 年度重要性 年度实用    年度写作
                指数        指数       指数     性/可借鉴性  质量指数
                                                指数
五年篇均
                五年创新性  五年科学性 五年重要性 五年实用    五年写作
                指数        指数       指数     性/可借鉴性  质量指数
                                                指数
自创刊以来篇均
                总创新性    总科学性   总重要性  总实用性/    总写作
                指数        指数       指数     可借鉴性     质量指数
                                                指数
```

图 9-3 学术期刊阅读分析分类评价指标数据获取步骤

需要指出的是，学术论文的用户评分是实时变化的，在海量评分之后会逐渐趋于稳定，之后只会在小范围内波动。我们获得的某专业领域内各学术期刊的分类总分和汇总评分是在指定时间的实时分数，需要同时附上对稳定态的考察。即使是暂态分数，它对于领域内的各学术期刊也都是公平的，没有偏颇。我们可以通过加大学术期刊统计年度消减这种倾向。

第二节 阅读分析评价流程测试准备

由于基于大数据分析的学术期刊质量评价系统的完全落地需要依托大型数字期刊出版平台和海量用户的阅读评分，这些在课题研究阶段还难以实现，所以课题组从研究实际条件出发，进行了小范围的测试运行。

一、测评刊物选择

测评刊物的选择主要基于测评效果体现、测评人员组织、测评程序简便而进行。

（一）选择专业领域

课题组主要人员来自高等院校，从熟悉的学科专业入手，这样最方便组织测评人员，为的是方便测评统计分析，也容易发现和处理在测评过程和测评汇总中出现的问题。基于这些认识，课题组在人文社科专业领域和自然科学专业领域各选择了1个专业领域，人文社科专业领域选择了G0/G21文化理论/新闻事业类，自然科学专业领域选择了O1数学类。

（二）选择学术期刊

课题组在新闻事业领域和数学领域各选择了2本学术期刊进行测试。为了测试效果区分度高，这2本学术期刊在现有的学术期刊评价中的差距也较为明显。同时，考虑到测评费用和论文篇数关系很大，我们尽量选择刊发篇数较少的学术期刊。实际评价实施中不需要支付评分费用，用户通过打分行为来获得免费阅读文献的权利，但在测试阶段对这些论文的阅读分析不是出自测评人员自己的需求，需要支付测评人员测评费用。课题组在新闻事业类期刊群里选择了核心期刊F刊2022年第1期（刊发7篇学术论文）和非核心期刊G刊2022年第1期（刊发12篇学术论文），在数学类期刊群里选择了核心期刊J刊2022年第1期（刊发10篇学术论文）和非核心期刊S刊2022年第1期（刊发11篇学术论文）。

二、测评人员选择

课题组在新闻传播学专业和数学专业各邀请了15位测评人员共30人。为了评价效果体现明显和测评方便，实现小范围测试的目的，测评人员的学历和资历区别比较明显，这15名测评人员包括5名教授、5名在读博士、5名在读硕士生。

三、测评指标设置

考虑到测评简便度和测评人员耐受度，课题组决定把测评指标落实到第三层次，设置评价指标6个：意识形态导向、创新性、科学性、重要性、实用性/可借鉴性、写作质量。

（一）新闻传播学专业论文评价指标权重

（1）意识形态导向：如您在阅读中发现该论文有意识形态问题，直接勾选0分选项。

（2）创新性权重0.325。

（3）科学性权重0.222。

（4）重要性权重0.120。

（5）实用性/可借鉴性权重0.083。

（6）写作质量权重0.249。

（二）数学专业论文评价指标权重

（1）意识形态导向：如您在阅读中发现该论文有意识形态问题，直接勾选0分选项。

（2）创新性权重0.308。

（3）科学性权重0.215。

（4）重要性权重0.126。

（5）实用性/可借鉴性权重0.105。

（6）写作质量权重0.246。

第三节 学术论文阅读分析评价测试数据

按照以上大数据阅读分析流程，请30名测评人员对待测评的4本学术期刊所刊发的学术论文进行测评。

一、初始评价可信度计算

（一）新闻传播学专业测评人员

新闻传播学专业测评人员初始评价可信度的计算可见表9-1。

表9-1 新闻传播学专业测评人员初始评价可信度计算

评审人	1	2	3	4	5	6	7	8	9	10	11	12	13	14	15
1.教育背景	1	1	1	1	1	0.9	0.9	0.9	0.9	0.9	0.8	0.8	0.8	0.8	0.8
2.学术专业职称	1	1	1	0.9	0.9	0.8	0.8	0.6	0.6	0.6	0.6	0.6	0.6	0.6	0.6
3.项目研究情况	1	1	1	0.9	0.9	0.9	0.8	0.7	0.7	0.7	0.7	0.7	0.7	0.7	0.7
4.发表学术论文情况	1	1	1	1	1	0.8	0.6	0.6	0.5	0.5	0.5	0.5	0.5	0.5	0.5
5.出版学术著作情况	1	1	1	1	1	1	0.6	0.5	0.5	0.5	0.5	0.5	0.5	0.5	0.5
6.学术获奖情况	6	1	0.9	0.7	0.6	0.5	0.6	0.6	0.5	0.5	0.6	0.5	0.6	0.5	0.5
K	1	1	0.983	0.917	0.9	0.817	0.717	0.65	0.617	0.617	0.617	0.6	0.617	0.6	0.6

（二）数学专业测评人员

数学专业测评人员初始评价可信度的计算可见表9-2。

表9-2 数学专业测评人员初始评价可信度计算

评审人	1	2	3	4	5	6	7	8	9	10	11	12	13	14	15
1.教育背景	1	1	1	1	1	0.9	0.9	0.9	0.9	0.9	0.8	0.8	0.8	0.8	0.8
2.学术专业职称	1	1	1	1	0.9	0.8	0.6	0.6	0.6	0.6	0.6	0.6	0.6	0.6	0.6
3.项目研究情况	1	1	1	1	0.9	0.9	0.7	0.7	0.7	0.7	0.7	0.7	0.7	0.7	0.7
4.发表学术论文情况	1	1	1	1	1	1	0.8	0.6	0.5	0.5	0.5	0.5	0.5	0.5	0.5
5.出版学术著作情况	1	1	1	1	1	0.6	0.6	0.5	0.5	0.5	0.5	0.5	0.5	0.5	0.5
6.学术获奖情况	6	1	0.8	0.7	0.6	0.5	0.5	0.5	0.5	0.5	0.6	0.5	0.6	0.5	0.5
K	1	1	0.967	0.95	0.9	0.783	0.683	0.65	0.617	0.617	0.617	0.617	0.617	0.617	0.617

二、用户初始评价可信度调整

（一）新闻传播学专业测评人员

新闻传播学专业测评人员评价可信度的调整可见表9-3。

表9-3 新闻传播学专业测评人员评价可信度调整

评审人	1	2	3	4	5	6	7	8	9	10	11	12	13	14	15
K_1	1	1	0.983	0.917	0.9	0.817	0.717	0.65	0.617	0.617	0.617	0.6	0.617	0.6	0.6
K_2	1	0.998	0.984	0.923	0.922	0.845	0.727	0.66	0.647	0.618	0.623	0.612	0.616	0.610	0.610
K_3	1	1	0.985	0.925	0.931	0.847	0.729	0.664	0.650	0.619	0.621	0.623	0.615	0.611	0.612
K_4	1	0.999	0.988	0.924	0.933	0.857	0.731	0.673	0.657	0.619	0.625	0.626	0.618	0.613	0.609
K_5	0.999	1	0.989	0.927	0.945	0.862	0.737	0.675	0.674	0.617	0.628	0.623	0.623	0.615	0.602
K_6	1	1	0.989	0.930	0.948	0.865	0.739	0.683	0.677	0.617	0.632	0.626	0.629	0.616	0.611
K_7	0.997	0.999	0.989	0.927	0.951	0.870	0.746	0.689	0.688	0.618	0.641	0.632	0.632	0.619	0.612
K_8	1	1	0.991	0.928	0.954	0.874	0.749	0.683	0.701	0.620	0.647	0.635	0.634	0.613	0.621
K_9	1	0.998	0.992	0.930	0.953	0.882	0.755	0.686	0.718	0.619	0.658	0.642	0.635	0.616	0.625

续表

评审人	1	2	3	4	5	6	7	8	9	10	11	12	13	14	15
K_{10}	1	1	0.990	0.934	0.958	0.895	0.759	0.684	0.723	0.618	0.659	0.645	0.637	0.620	0.623
K_{11}	0.998	1	0.991	0.939	0.965	0.901	0.765	0.689	0.734	0.618	0.662	0.651	0.636	0.621	0.625
K_{12}	0.997	0.999	0.993	0.943	0.971	0.908	0.770	0.694	0.754	0.619	0.668	0.653	0.641	0.626	0.627
K_{13}	0.998	1	0.999	0.945	0.971	0.921	0.779	0.705	0.781	0.627	0.664	0.657	0.647	0.631	0.632
K_{14}	1	1	0.999	0.955	0.979	0.934	0.782	0.704	0.792	0.623	0.658	0.666	0.648	0.634	0.631
K_{15}	1	1	1	0.963	0.980	0.943	0.791	0.702	0.801	0.631	0.657	0.672	0.643	0.637	0.628
K_{16}	0.999	1	1	0.965	0.981	0.952	0.799	0.706	0.815	0.619	0.661	0.679	0.645	0.641	0.632
K_{17}	1	0.999	1	0.963	0.982	0.953	0.809	0.709	0.825	0.621	0.669	0.683	0.647	0.643	0.634
K_{18}	1	1	1	0.966	0.982	0.956	0.811	0.711	0.831	0.623	0.678	0.687	0.645	0.641	0.635
K_{19}	1	1	1	0.977	0.984	0.961	0.813	0.721	0.834	0.617	0.682	0.691	0.648	0.639	0.638
K_{20}	1	1	1	0.975	0.989	0.968	0.815	0.726	0.854	0.610	0.689	0.691	0.651	0.639	0.632

(二)数学专业测评人员

数学专业测评人员评价可信度的调整可见表9-4。

表9-4 数学专业测评人员评价可信度调整

评审人	1	2	3	4	5	6	7	8	9	10	11	12	13	14	15
K_1	1	1	0.967	0.95	0.9	0.783	0.683	0.65	0.617	0.617	0.617	0.617	0.617	0.617	0.617
K_2	0.992	1	0.984	0.952	0.912	0.793	0.689	0.66	0.623	0.618	0.621	0.617	0.618	0.618	0.613
K_3	0.993	1	0.985	0.954	0.911	0.801	0.689	0.664	0.625	0.618	0.624	0.624	0.619	0.617	0.619
K_4	0.996	0.995	0.988	0.955	0.913	0.809	0.691	0.663	0.627	0.617	0.625	0.625	0.625	0.617	0.629
K_5	0.992	0.992	0.989	0.956	0.915	0.812	0.697	0.665	0.634	0.616	0.628	0.629	0.628	0.614	0.632
K_6	0.998	0.994	0.989	0.957	0.918	0.815	0.699	0.671	0.637	0.619	0.632	0.636	0.631	0.617	0.631
K_7	0.992	0.994	0.989	0.958	0.921	0.813	0.696	0.679	0.638	0.621	0.640	0.634	0.633	0.621	0.632
K_8	1	0.992	0.991	0.956	0.924	0.814	0.705	0.673	0.641	0.628	0.642	0.635	0.635	0.623	0.631
K_9	1	0.991	0.992	0.954	0.923	0.822	0.715	0.676	0.645	0.629	0.650	0.632	0.638	0.626	0.635

续表

评审人	1	2	3	4	5	6	7	8	9	10	11	12	13	14	15
K_{10}	1	0.995	0.990	0.956	0.928	0.825	0.719	0.684	0.643	0.630	0.653	0.635	0.641	0.627	0.643
K_{11}	0.995	1	0.991	0.967	0.925	0.831	0.715	0.689	0.654	0.638	0.652	0.641	0.637	0.628	0.645
K_{12}		0.999	0.993	0.976	0.931	0.841	0.720	0.691	0.654	0.639	0.658	0.642	0.641	0.636	0.647
K_{13}		0.999	0.999	0.977	0.931	0.851	0.729	0.695	0.661	0.641	0.663	0.646	0.642	0.639	0.646
K_{14}	1	1	0.999	0.978	0.939	0.854	0.722	0.701	0.662	0.643	0.659	0.656	0.646	0.644	0.651
K_{15}	1	1	1	0.981	0.942	0.853	0.731	0.702	0.671	0.641	0.661	0.671	0.647	0.642	0.658
K_{16}	1	0.993	0.999	0.984	0.941	0.862	0.739	0.703	0.675	0.649	0.669	0.676	0.647	0.648	0.652
K_{17}	0.994	0.995	0.994	0.984	0.942	0.863	0.739	0.709	0.675	0.651	0.673	0.681	0.648	0.653	0.654
K_{18}	0.993	1	0.996	0.985	0.949	0.873	0.741	0.714	0.681	0.653	0.678	0.683	0.643	0.656	0.665
K_{19}	1	1	0.994	0.988	0.954	0.879	0.743	0.721	0.684	0.657	0.681	0.690	0.649	0.659	0.668
K_{20}	1	0.998	0.995	0.992	0.960	0.870	0.751	0.724	0.686	0.666	0.687	0.699	0.651	0.661	0.671
K_{21}	0.999	1	1	0.993	0.961	0.871	0.754	0.734	0.691	0.667	0.688	0.698	0.652	0.671	0.668
K_{22}	1	0.999	0.999	0.995	0.965	0.878	0.755	0.736	0.694	0.674	0.689	0.701	0.653	0.679	0.665

三、阅读评分

经过以上评价可信度的评分及调整和对用户评分的加权，我们获得了各期刊所刊发的各篇论文得分。

（一）新闻传播专业

1. F刊2022年第1期（刊发7篇学术论文）

F刊2022年第1期论文得分可见表9-5。

表9-5　F刊2022年第1期论文得分

论文序号	1	2	3	4	5	6	7
意识形态导向	1	1	1	1	1	1	1
创新性量标	82.243	86.653	81.897	82.900	85.826	83.582	80.290
科学性量标	88.280	86.340	87.811	89.320	86.673	85.631	83.289

续表

论文序号	1	2	3	4	5	6	7
重要性量标	89.794	88.619	87.784	86.694	87.703	86.680	85.678
实用性/可借鉴性量标	86.506	89.926	86.782	86.890	88.630	83.750	84.901
写作质量量标	82.415	85.460	80.963	84.593	84.604	85.433	83.650
学术水平量标	84.804	86.707	82.252	85.450	86.082	84.800	82.741

2. G刊2022年第1期（刊发12篇学术论文）

G刊2022年第1期论文得分可见表9-6。

表9-6　G刊2022年第1期论文得分

论文序号	1	2	3	4	5	6	7	8	9	10	11	12
意识形态导向	1	1	1	1	1	1	1	1	1	1	1	1
创新性量标	61.253	66.763	61.878	62.501	63.643	62.582	61.385	70.651	62.615	64.627	67.631	59.928
科学性量标	68.780	70.526	58.954	69.890	76.854	65.317	73.679	59.600	56.845	73.384	61.700	59.280
重要性量标	69.497	67.670	66.801	76.005	67.901	56.067	65.701	68.621	59.471	68.420	59.454	56.980
实用性/可借鉴性量标	75.126	68.901	81.673	74.740	78.245	73.160	64.348	73.346	69.456	68.453	75.510	72.100
写作质量量标	82.467	84.010	88.378	88.583	89.348	84.374	84.374	79.570	75.560	74.388	78.444	63.127
学术水平量标	67.327	72.112	70.000	73.210	74.636	68.649	70.541	70.328	64.685	69.710	68.612	61.177

（二）数学专业

1. J刊2022年第1期（刊发10篇学术论文）

J刊2022年第1期论文得分可见表9-7。

表9-7　J刊2022年第1期论文得分

论文序号	1	2	3	4	5	6	7	8	9	10
意识形态导向	1	1	1	1	1	1	1	1	1	1
创新性量标	89.126	85.001	86.984	79.137	78.901	75.019	74.871	71.100	69.680	69.888

续表

论文序号	1	2	3	4	5	6	7	8	9	10
科学性量标	88.765	87.100	86.981	75.160	72.781	81.872	83.890	85.530	78.001	74.921
重要性量标	80.222	79.189	75.981	75.001	84.911	80.182	83.183	70.172	70.901	73.764
实用性/可借鉴性量标	80.178	79.901	84.873	86.782	81.134	70.183	69.901	81.673	81.000	84.169
写作质量量标	91.487	91.673	89.854	88.760	90.487	89.498	87.871	86.190	86.587	84.735
学术水平量标	87.568	85.826	86.081	80.931	81.427	80.197	80.534	78.908	76.981	76.610

2. S刊2022年第1期（刊发11篇学术论文）

S刊2022年第1期论文得分可见表9-8。

表9-8　S刊2022年第1期论文得分

论文序号	1	2	3	4	5	6	7	8	9	10	11
意识形态导向	1	1	1	1	1	1	1	1	1	1	1
创新性量标	60.001	58.901	65.983	63.830	58.271	54.278	59.129	49.901	62.333	70.126	65.189
科学性量标	70.564	78.564	71.982	70.847	65.164	71.877	65.721	53.001	62.089	67.905	70.652
重要性量标	67.712	57.981	53.879	62.763	71.820	65.830	65.029	61.821	62.190	56.352	61.901
实用性/可借鉴性量标	71.324	62.455	61.953	63.839	59.129	58.893	56.289	62.900	64.277	49.089	56.121
写作质量量标	83.124	79.983	69.730	67.839	74.834	71.388	67.382	66.383	63.732	59.273	63.902
学术水平量标	70.121	68.572	66.246	66.191	65.625	64.211	63.022	57.489	62.811	63.034	64.681

第四节　学术期刊阅读分析评价测试

基于大数据分析的学术期刊阅读分析评价系统在实际应用时，截取某一特定时间的动态评分用作评价基础数据。在测试时我们不可能获得如此海量的评价数据，只能以静态数据来代替。测试在获得2个学科专业领域各2本学术期刊所刊发论文的评价分数后，对这些论文的分数进行汇总，就可以使用学术期刊评价指标对这4本学术期刊实行评价。受测试的规范范围所限，我们在研究阶段难以获得学术期刊1年、5年或自创刊以来的评分数据，因此就以单期学术贡献量、单期水平因子等总评指标系列和单期创新性指数、单期科学性指数、单期重要性指数、单期实用性/可借鉴性指数、单期写作质量指数等分类评价指标为例，计算学术期刊评价数据，以管窥豹。

一、总评指标

（一）单期学术贡献量

单期学术贡献量是指某学术期刊特定某期所刊发的论文在大数据阅读分析评价系统中获得的评价分数总和，用以测度该学术期刊特定某期的学术贡献量。在实际评价中应该是在某一确定时间的实时分数，在测试中就是测试获得的该期论文测评总分。

1.F刊、G刊的单期学术贡献量

经计算，F刊2022年第1期的学术贡献量为592.836；G刊2022年第1期的学术贡献量为830.987。

2.J刊、S刊的单期学术贡献量

经计算，J刊2022年第1期的学术贡献量为815.063；S刊2022年第1期的学术贡献量为712.722。

（二）单期水平因子

单期水平因子是指被评价学术期刊特定某期的学术贡献量与该期载文量的比值，用以测度该学术期刊特定某期的篇均学术水平。在实际评价中应该是在某一确定时间的实时分数，在测试中就是测试获得的该期学术贡献量与该期载文量的比值。

1.F刊、G刊的单期水平因子

F刊2022年第1期的学术贡献量为592.836，载文量为7篇。该期的水

平因子为84.691。

G刊2022年第1期的学术贡献量为830.987，载文量为12篇。该期的水平因子为69.249。

2. J刊、S刊的单期水平因子

J刊2022年第1期的学术贡献量为815.063，载文量为10篇。该期的水平因子为81.506。

S刊2022年第1期的学术贡献量为712.722，载文量为11篇。该期的水平因子为64.793。

二、分评指标

（一）单期创新性指数

单期创新性指数是指被评价学术期刊特定某期的创新性总得分与该期载文量的比值，用以测度该学术期刊特定某期的学术创新度。

1. F刊、G刊的单期创新性指数

F刊2022年第1期的创新性总得分为583.391，载文量为7篇。该期的创新性指数为83.342。

G刊2022年第1期的创新性总得分为765.457，载文量为12篇。该期的创新性指数为63.788。

2. J刊、S刊的创新性指数

J刊2022年第1期的创新性总得分为779.707，载文量为10篇。该期的创新性指数为77.971。

S刊2022年第1期的创新性总得分为667.942，载文量为11篇。该期的创新性指数为60.722。

（二）单期科学性指数

单期科学性指数是指被评价学术期刊特定某期的科学性总得分与该期

载文量的比值，用以测度该学术期刊特定某期的科学性程度。

1. F 刊、G 刊的单期科学性指数

F 刊 2022 年第 1 期的科学性总得分为 607.344，载文量为 7 篇。该期的科学性指数为 86.763。

G 刊 2022 年第 1 期的科学性总得分为 794.809，载文量为 12 篇。该期的科学性指数为 66.234。

2. J 刊、S 刊的单期科学性指数

J 刊 2022 年第 1 期的科学性总得分为 815.001，载文量为 10 篇。该期的科学性指数为 81.500。

S 刊 2022 年第 1 期的科学性总得分为 748.366，载文量为 11 篇。该期的科学性指数为 68.033。

（三）单期重要性指数

单期重要性指数是指被评价学术期刊特定某期的重要性总得分与该期载文量的比值，用以测度该学术期刊特定某期的学术重要性程度。

1. F 刊、G 刊的单期重要性指数

F 刊 2022 年第 1 期的重要性总得分为 612.952，载文量为 7 篇。该期的重要性指数为 87.565。

G 刊 2022 年第 1 期的重要性总得分为 726.521，载文量为 12 篇。该期的重要性指数为 66.047。

2. J 刊、S 刊的单期重要性指数

J 刊 2022 年第 1 期的重要性总得分为 773.506，载文量为 10 篇。该期的重要性指数为 77.351。

S 刊 2022 年第 1 期的重要性总得分为 687.278，载文量为 11 篇。该期的重要性指数为 62.480。

（四）单期实用性/可借鉴性指数

单期实用性/可借鉴性指数是指被评价学术期刊特定某期的实用性/可借鉴性总得分与该期载文量的比值，用以测度该学术期刊特定某期的学术实用性/可借鉴性程度。

1. F刊、G刊的单期实用性/可借鉴性指数

F刊2022年第1期的实用性/可借鉴性总得分为607.385，载文量为7篇。该期的实用性/可借鉴性指数为86.769。

G刊2022年第1期的实用性/可借鉴性总得分为875.058，载文量为12篇。该期的实用性/可借鉴性指数为72.922。

2. J刊、S刊的单期实用性/可借鉴性指数

J刊2022年第1期的实用性/可借鉴性总得分为799.794，载文量为10篇。该期的实用性/可借鉴性指数为79.979。

S刊2022年第1期的实用性/可借鉴性总得分为666.269，载文量为11篇。该期的实用性/可借鉴性指数为60.570。

（五）单期写作质量指数

单期写作质量指数是指被评价学术期刊特定某期的写作质量总得分与该期载文量的比值，用以测度该学术期刊特定某期的学术写作质量程度。

1. F刊、G刊的单期写作质量指数

F刊2022年第1期的写作质量总得分为587.118，载文量为7篇。该期的写作质量指数为83.874。

G刊2022年第1期的写作质量总得分为972.623，载文量为12篇。该期的写作质量指数为81.052。

2. J刊、S刊的单期写作质量指数

J刊2022年第1期的写作质量总得分为887.142，载文量为10篇。该期的写作质量指数为88.714。

S刊2022年第1期的写作质量总得分为767.570，载文量为11篇。该期的写作质量指数为69.779。

第五节　学术期刊阅读分析评价测试分析

由于在研究阶段无法依托大型数字期刊出版平台进行大数据测试，以及受测试经费所限，测试只能在小范围内进行。小范围测试属于静态模拟，海量数据存储引发的一系列问题在小范围测试中还难以显现，如同一篇论文被大量用户同时阅读会引发什么样的问题？用户评价偏离度在阅读评价多少篇论文后趋于稳定？论文被多少用户阅读评价后可以被用作实际评价？评价可信度动态修正值公式是否需要进一步测算？等等。这些问题只能在大规模数据测试时，才有可能进行深入研究，在目前的研究阶段，很遗憾没有可资研究的基础。

虽然如此，本研究所进行的小规模测试还是取得了一定的效果，即对于之前预想的阅读分析流程和设计的评价指标进行了实际的测评。通过这次测试，我们印证了设计方案的可行性，并获得了分析测试成果对于下一步深入研究和应用于实践的直观感受。

一、初始评价可信度确切的重要性

设置用户初始评价可信度，就是为了尽快收敛系统对用户学术可信度的评估。由于对测评人员比较了解，课题组对其初始评价可信度数据的提交进行了监督，但当系统实际应用时，这种监督是不可能实现的，只能完全依赖于用户自律。测试证明，初始评价可信度对于保证评价效果具有较为重要的意义。用户由于不了解初始评价可信度的具体要求或者不负责任地胡乱填写，会使评价数据收敛时间拉长。初始评价可信度越是不可信，对于评价效果的影响就越大。

二、系统对于大型数字期刊出版平台的依赖

建立学术论文和学术期刊大数据阅读分析评价的最重要条件就是需要依托大型数字期刊出版平台。该平台需要获得绝大多数学术论文的电子版本,并吸引到大多数专家学者的阅读。由于系统获得的是广大阅读者的普遍认识,如果只是较低层次的用户参与,会直接影响学术论文和学术期刊评价的权威性。这种评价方式需要学术共同体的广泛参与,形成良好的阅读评价风气,才能体现系统对于学术评价的推动作用。

三、海量的评价数据计算

小范围测试只是对4本载文量较少的学术期刊进行测试就需要繁复的数据运算,如果付诸实践,这种运算将是一个天文数字。由于评价数据获得需要时间和评价次数的积累,对于数据安全和数据处理的准确性要求较高。所以,这样海量的大数据采集和运算需要较大的先期硬件投入,当然这些投入可以是公益性的,也可以用于营利。营利的主要方式是为有需要的科研管理部门或研究者、研究机构提供评价数据。

四、学术期刊评价指标的适用性

对于基于大数据分析的学术期刊质量评价系统的评价指标还可以进行更为深入的研究和开发,本研究所提出的学术贡献量和篇均学术水平指标在测试时已经印证了设计初衷。

(一)与当下学术期刊评价系统的评价结果一致

F刊2022年第1期的水平因子值是84.691,大于G刊2022年第1期的69.249。J刊2022年第1期的水平因子值是81.506,大于S刊2022年第1期的64.793。系统设计的篇均学术水平的评价结果与这4本学术期刊在当下

学术期刊评价系统中的地位基本一致，说明本系统与当下的学术期刊评价系统评价结果有互通性。但本系统的优势在于学术论文的评价不再依赖于"以刊评文"，而是反其道而行的"以文评刊"，有效遏制了由"以刊评文"带来的一系列弊端。

（二）学术贡献量指标的适用意义

F刊2022年第1期的学术贡献量是592.836，小于G刊2022年第1期的830.987。这也说明了学术贡献量指标的适用意义，就是为了纠正目前学术期刊评价太注重篇均评价的倾向。这个倾向导致很多学术期刊纷纷以降低载文量来提高评价指标数值，很大程度上影响了期刊的整体利用效率。在实际评价中，学术贡献量和学术水平因子两类指标互相配合，有助于督促学术期刊在注重载文学术质量的同时，还要注意载文的数量，促使刊物为学术发展做出更大贡献。

五、对下一步评价测试的期望

受测试的经费和条件所限，本体系还没有在学术期刊数字出版平台上开展大范围的测试，仅有的小范围测试还不能发现真正投入运营出现的问题。这也是本课题研究在此研究阶段的遗憾。从目前的情况看，有两个更进一步开展大规模测试的可能：一个是与中国知网、万方数据等商用平台联合进行测试；另一个是在目前已经实现免费开放获取的国家哲学社会科学学术期刊数据库进行试运用。

参考文献

一、学术专著

[1] 加菲尔德.引文索引法的理论及应用[M].侯汉清，陆宝树，马张华，译.北京：北京图书馆出版社，2004.

[2] 钱荣贵."核心期刊"与期刊评价[M].北京：中国传媒大学出版社，2006.

[3] 刘大椿，等.人文社会科学研究成果评价体系研究[M].北京：经济科学出版社，2009.

[4] 任全娥.人文社会科学成果评价研究[M].北京：中国社会科学出版社，2010.

[5] 邱均平，文庭孝，等.评价学：理论·方法·实践[M].北京：科学出版社，2010.

[6] 冯春明，郑松涛.中文核心期刊评价研究[M].石家庄：河北科学技术出版社，2010.

[7] 邱均平，谭春辉，任全娥，等.人文社会科学评价理论与实践：上册[M].武汉：武汉大学出版社，2012.

[8] 邱均平，谭春辉，任全娥，等.人文社会科学评价理论与实践：下册[M].武汉：武汉大学出版社，2012.

[9] 舍恩伯格，库克耶.大数据时代：生活、工作与思维的大变革

［M］.盛杨燕，周涛，译.杭州：浙江人民出版社，2013.

二、参考工具

《中文核心期刊要目总览》类：

［1］庄守经.中文核心期刊要目总览［M］.北京：北京大学出版社，1992.

［2］林被甸，张其苏.中文核心期刊要目总览［M］.北京：北京大学出版社，1996.

［3］戴龙基，张其苏，蔡蓉华.中文核心期刊要目总览：2000年版［M］.北京：北京大学出版社，2000.

［4］戴龙基，蔡蓉华.中文核心期刊要目总览：2004年版［M］.北京：北京大学出版社，2004.

［5］朱强，戴龙基，蔡蓉华.中文核心期刊要目总览：2008年版［M］.北京：北京大学出版社，2009.

［6］朱强，蔡蓉华，何峻.中文核心期刊要目总览：2011年版［M］.北京：北京大学出版社，2012.

［7］朱强，何峻，蔡蓉华.中文核心期刊要目总览：2014年版［M］.北京：北京大学出版社，2015.

［8］陈建龙，朱强，张俊娥，等.中文核心期刊要目总览：2017年版［M］.北京：北京大学出版社，2018.

［9］陈建龙，张俊娥，蔡蓉华.中文核心期刊要目总览：2020年版［M］.北京：北京大学出版社，2021.

《中国学术期刊影响因子年报》类：

［1］中国科学文献计量评价研究中心，清华大学图书馆.中国学术期刊影响因子年报·人文社会科学：2010年（第8卷），中国学术期刊（光盘版）电子杂志社，2018年。

［2］中国科学文献计量评价研究中心，清华大学图书馆.中国学术期刊影响因子年报·人文社会科学：2011年（第9卷），中国学术期刊（光盘版）电子杂志社，2019年。

［3］中国科学文献计量评价研究中心，清华大学图书馆.中国学术期刊影响因子年报·人文社会科学：2012年（第10卷），中国学术期刊（光盘版）电子杂志社，2020年。

［4］中国科学文献计量评价研究中心，清华大学图书馆.中国学术期刊影响因子年报·自然科学与工程技术：2010年（第8卷），中国学术期刊（光盘版）电子杂志社，2018年。

［5］中国科学文献计量评价研究中心，清华大学图书馆.中国学术期刊影响因子年报·自然科学与工程技术：2011年（第9卷），中国学术期刊（光盘版）电子杂志社，2019年。

［6］中国科学文献计量评价研究中心，清华大学图书馆.中国学术期刊影响因子年报·自然科学与工程技术：2020年（第10卷），中国学术期刊（光盘版）电子杂志社，2020年。

三、学术论文

［1］GROSS P L K, GROSS E M. College libraries and chemical education［J］. Science, 1927, 66(1713): 383-406.

［2］BRADFORD S C. Sources of information on specific subject［J］. Engineering, 1934(1): 85-86.

［3］GARFIELD E. Citation analysis as a tool in journal evaluation［J］. Science, 1972, 178(4060): 471-479.

［4］MOED H F, VRIENSV M. Possible inaccuracies occurring in citation analysis［J］. Journal of information science, 1989, 15(2): 95-117.

［5］VICKERY B C. Bradford's law of scattering［J］. Journal of documentation, 1948(4): 81-88.

[6]GARFILED E. How can impact factors be improved?[J]. British medical journal, 1996(313): 411-413.

[7]GARFIELD E. The 250 most-cited authors, 1961-1975, part 1-2[J]. Current contents, 1997(49): 50.

[8]AMIN M, MABE M A. Impact factors: use and abuse[J]. Medicina (buenos aires), 2003, 63(4): 347-354.

[9]HIRSCH J E. An index to quantify an individual's scientific research output[J]. Proceedings of the National Academy of Sciences of the United States of America, 2005, 102(46): 16569-16572.

[10]BERGSTROM C. Eigenfactor: measuring the value and prestige of scholarly journals[J]. College and research libraries news, 2007, 68(5): 314-316.

[11]SYAMILI C, REKHA R V. Do altmetric correlate with citation? — a study based on *PLOS ONE* journal[J]. Collnet journal of scientometrics and information management, 2017, 11(1): 103-117.

[12]周祥森."核心期刊"论对学术期刊编辑工作的严重危害[J].学术界,2001(4): 150-158.

[13]白云.中国人文社会科学期刊被引半衰期分析研究[J].云南师范大学学报(哲学社会科学版),2006(4): 127-130.

[14]常思敏.参考文献引用中的学术不端行为分析[J].出版科学,2007(5): 23-25.

[15]陈铭.从核心期刊概念的演变看核心期刊功能的转变[J].图书与情报,2008(2): 83-85, 109.

[16]赵丹群.《复印报刊资料》的学术评价功能[J].情报资料工作,2008(5): 12-14.

[17]富明.H指数及其意义[J].科学时代,2009(1): 89-91.

[18]赖茂生,屈鹏,赵康.论期刊评价的起源和核心要素[J].重庆

大学学报（社会科学版），2009（3）：67-72.

［19］俞立平，潘云涛，武夷山.学术期刊评价中不同利益主体关系研究［J］.科学学与科学技术管理，2009（12）：43-47.

［20］叶继元.学术期刊质量评价与核心期刊评价之异同［J］.图书情报工作，2009（18）：5-7，16.

［21］陶家柳."基金论文优先"辩［J］.中国科技期刊研究，2010（2）：215-218.

［22］刘春丽.Web 2.0环境下的科学计量学：选择性计量学［J］.图书情报工作，2012（14）：52-56，92.

［23］赵保卿，李娜.基于层次分析法的内部审计外包内容决策研究［J］.审计与经济研究，2013（1）：37-45，69.

［24］朱剑.量化指标：学术期刊不能承受之轻：评《全国报纸期刊出版质量综合评估指标体系（试行）》［J］.清华大学学报（哲学社会科学版），2013（1）：30-47.

［25］赵均.学术期刊评价中被引量指标及其影响因素分析［J］.现代出版，2013（4）：67-70.

［26］孟耀.学术期刊质量的评价方法与指标分析［J］.东北财经大学学报，2013（5）：90-93.

［27］刘宇，李武.引文评价合法性研究：基于引文功能和引用动机研究的综合考察［J］.南京大学学报（哲学·人文科学·社会科学版），2013（6）：137-148.

［28］林德明，郭银鑫，姜磊.单篇学术论文对影响因子的贡献率研究：基于Nature的定量分析［J］.中国科技期刊研究，2016（12）：1305-1309.

［29］徐英祺，杨志萍.Altmetrics用于生物多样性论文的社会影响力评价［J］.评价与管理，2017，15（3）：55-57.

［30］魏瑞斌.论文平均引用时差与被引频次相关性分析［J］.情报杂志，2018（2）：135-141.

［31］阎雅娜，聂兰渤，王静.单篇文献的引文计量指标与Altmetrics的比较分析：以ESI的HotPapers为例［J］.图书馆杂志，2018（3）：100-107.

［32］李品，杨建林.大数据时代哲学社会科学学术成果评价：问题、策略及指标体系［J］.图书情报工作，2018（16）：5-14.

［33］高自龙.我国学术期刊评价实践及其机制建设思考［J］.东北农业大学学报（社会科学版），2021（1）：13-16.

［34］陈华芳，向菲.Altmetrics在学术论文评价中的特征与优势分析：以医学健康领域为例［J］.数字图书馆论坛，2021（2）：19-26.

［35］中共中央宣传部，教育部，科技部.关于推动学术期刊繁荣发展的意见［J］.中国出版，2021（14）：3-5.

四、网站资源

［1］中国知网，http://www.cnki.net/.

［2］万方数据知识服务平台，http://www.wanfangdata.com.cn/.

［3］南京大学中国社会科学研究评价中心，http://cssci.nju.edu.cn/.

［4］中国社会科学评价研究院，http://casses.cssn.cn/.

［5］中国科学文献计量评价研究中心，https://eval.cnki.net/.

［6］中国人民大学书报资料中心，http://www.zlzx.org/.

［7］中南财经政法大学图书馆，http://library.zuel.edu.cn/.